Hexenkalender
- Das Original -

2025

RUNEN • LEBENSBERATUNG • RITUALE

Hinweis

Sämtliche Anregungen und Anleitungen in diesem Buch entstammen dem volkstümlichen Brauchtum und dessen Interpretation der Autorin. Auch wenn die Angaben mit größter Sorgfalt zusammengetragen wurden, kann die Autorin keine Haftung für die Richtigkeit oder das Gelingen von Ritualen oder Rezepten übernehmen. Der Leser handelt stets in eigener Verantwortung. Dieses Buch oder Handlungsanregungen darin ersetzen weder den Gang zum Arzt oder Heilpraktiker noch die Konsultation eines Rechtsanwaltes.

Das Urheberrecht liegt vollständig bei Stefanie Gralewski (www.stefaniegralewski.de).

Das Kopieren, Vervielfältigen oder Veröffentlichen (egal ob Print, Internet oder sonstige Medien) ist nur nach ausdrücklicher Genehmigung der Autorin erlaubt.

Fotos: Benjamin Nimtz / Maria Lessing
Umschlaggestaltung / Grafik: Nicole Altenhoff
Illustrationen: Nelly Polychronidis
Satz: Maria Lessing
Astrologische Daten: Timo Wagenbach (www.astrologie-wagenbach.de)

Bibliografische Information der Deutschen Nationalbibliothek: Die Deutsche Nationalbibliothek verzeichnet die Publikation in der Deutschen Nationalbibliografie, detaillierte bibliografische Daten sind im Internet unter http://denb.denb.de abrufbar.

© 2024 Stefanie Gralewski

Verlag: BoD • Books on Demand GmbH, In de Tarpen 42, 22848 Norderstedt
Druck: Libri Plureos GmbH, Friedensallee 273, 22763 Hamburg
ISBN: 978-3-7597-4367-1

„Schönheit beginnt in dem Moment, in dem Du beschließt, Du selbst zu sein."

– Coco Chanel

Inhaltsverzeichnis

Vorwort

Es ist mir eine große Freude, Dich zur 11. Ausgabe meines Hexenkalenders begrüßen zu dürfen. Mit jedem Jahr, das vergeht, wächst die Magie dieses Projekts, und ich bin dankbar für die Möglichkeit, Dich erneut – oder auch zum ersten Mal – auf dieser Reise begleiten zu dürfen.

Die Zahl 11 birgt eine tiefe symbolische Bedeutung, die Du in verschiedenen Kulturen und Traditionen finden kannst.

Mythologisch gesehen wird die 11 von vielen Menschen mit spiritueller Erleuchtung, intuitivem Wissen und dem Eingangstor zu höheren Ebenen des Bewusstseins in Verbindung gebracht.

Numerologisch betrachtet ist die Zahl 11 eine sogenannte Meisterzahl, die eine starke spirituelle Schwingung und eine Verbindung zu den spirituellen Dimensionen der Existenz symbolisiert. Sie lädt uns ein, unser spirituelles Potenzial zu erkunden und unsere Intuition zu stärken.

Wie passend zum Thema des Venusjahres, welches ich gleich zu Beginn dieses Kalenders aufgreifen möchte.

Planet und Göttin Venus fordert uns nämlich sehr heraus, indem sie den Fokus auf Themen wie Genuss, Lust und Selbstliebe legt. Die Punkte also, die ich persönlich oft nur schwer zulassen kann.

Zu sehr geht es in der heutigen Zeit um Disziplin, Wachstum und Erfolg. Höher, schneller, weiter – so lautet oft die Devise. Vielleicht fällt es auch Dir schwer, Dir eine Pause zu nehmen und etwas zu tun, was scheinbar keinen Nutzen hat. Ein duftendes Schaumbad, ein köstliches Essen, ein schönes Buch, ein neuer Lippenstift oder eine extra Stunde mit der Lieblingsserie – das alles ist mitnichten verschwendete Zeit! Ganz im Gegenteil! Zeit der Muße und der Erholung ist die existentielle Basis für Inspiration, Kreativität und Problemlösung. Und genau dafür steht auch die Zahl 11.

Du siehst, die Zahl 11 und die Venus ergänzen sich energetisch auf fantastische Weise. Möge diese Ausgabe des Hexenkalenders Dich dabei unterstützen, auf Deiner spirituellen Reise die untrennbare Verbindung von Laissez-faire und Disziplin, von Genuss und Ehrgeiz, von Erholung und Meisterschaft zu erkennen – zwei Pole, die ohneeinander nicht existieren können.

Herzlichst, Deine Stefanie Gralewski

Das Jahr 2025 – ein Venusjahr

Am 20. März 2025 übernimmt die Venus die Herrschaft über die Zeitqualität und bringt eine Fülle an Energien mit. Venus ist nicht nur aus astrologischen und astronomischen Gesichtspunkten faszinierend, sondern inspiriert auch als römischen Göttin der Schönheit und Liebe die Menschen seit mehr als 2500 Jahren. Sie lädt Dich ein, Dich mit Deinem inneren Wesen zu verbinden und die Schönheit des Lebens in all seinen Facetten zu erkunden.

Die Göttin Venus genoss schon im Antiken Rom viele Formen der Verehrung. So hatte sie zum Beispiel besondere Bedeutung als Stammmutter der Julier. In diesem Sinne errichtete ihr Julius Caesar einen prächtigen Tempel, in dem alljährlich elftägige Spiele, die sogenannten Veneralia, gefeiert wurden.

Auch wenn man es in der deutschen Sprache nicht mehr erkennt: Der fünfte Wochentag ist nach Venus benannt. In italienischer und französischer Sprache kann man es noch hören: venerdi bzw. vendredi. Da die Germanen Venus mit Frija (Frigg) gleichsetzten, heißt der Tag bei uns Freitag.

Heute noch wird Venus als Göttin der Liebe, der Schönheit und der Sinnlichkeit verehrt. Ihre Anziehungs- und Verführungskraft ist legendär.

Der Planet Venus ist manchmal sogar mit bloßem Auge am Himmel zu erkennen. Wenn man die fünf erdnächsten Punkte verbindet, die Venus innerhalb von 8 Jahren erreicht, erkennt man ein nahezu exaktes Pentagramm. Das nennt man auch Venus-Pentagramm.

Die Position der Venus in Deinem Geburtshoroskop kann Dir aufzeigen, wie Du Deine Beziehungen, Deine Werte und Deine Fähigkeit zur Selbstliebe fördern kannst.

Ich lade Dich ein, Dir in diesem Jahr Zeit für Selbstpflege und Sinnlichkeit einzuplanen. Fällt Dir das ebenso schwer wie mir? Dann lade ich Dich ein, Dir einen kleinen (oder auch großen) Venus-Altar einzurichten.

Wähle dafür einen ruhigen Ort in einem Bereich, wo Du Dich entspannen und konzentrieren kannst. Das Schlafzimmer ist ebenso gut geeignet, wie eine nicht sofort einsehbare Ecke im Garten. Schaffe dort eine harmonische und für Dich ästhetisch ansprechende Umgebung. Verwende weiche, fließende Stoffe in sanften Farben wie z. B. rosa, weiß oder Pastelltönen.

Achte darauf, dass der Ort für all Deine Sinne angenehm ist. Du kannst zum BeispielRäucherwerk, Räucherstäbchen oder auch Duftkerzen verwenden. Jasmin- und Rosenduft werden traditionell der Venus zugeordnet.

Wenn Du einen für Dich passenden Ort geschaffen hast, ist es an der Zeit, die Altarfläche herzurichten. Du kannst dazu einen Tisch ebenso verwenden, wie eine Steinplatte, die Du zum Beispiel auf den Rasen legst. Wenn Du magst, kannst Du die Oberfläche und auch den Hintergrund mit farblich passenden Tüchern abhängen.

Stelle eine Statue oder ein Bild der Venus auf, um ihre Energie greifbarer zu machen. Verwende rosa oder weiße Kerzen, die Liebe, Schönheit und Harmonie symbolisieren. Sie sollten symmetrisch aufgestellt werden, um das energetische Gleichgewicht des Altarraumes zu fördern.

Rosen sind die klassischen Blumen der Venus, aber auch Veilchen, Myrten, Jasmin und Apfelblüten passen gut. Stelle sie in eine Vase auf den Altar oder streue Blütenblätter aus. Kristalle wie z. B. Rosenquarz, Smaragd und Rhodonit stehen in Verbindung mit Venus und fördern Liebe, Harmonie und Heilung.

Platziere kleine Spiegel, Perlen, Kupfermünzen und Muscheln auf dem Altar. Als Opfergaben eignen sich sowohl Äpfel, Granatäpfel, Honig, Gebäck und Wein, als auch wohlriechende Öle und schöne Parfums.

Vergiss nicht, auch persönliche Elemente zu Deinem Altar hinzuzufügen. Das kann zum Beispiel ein schönes Notizbuch sein, in welches Du Venus-bezogene Notizen, Gebete oder Erfahrungen aufschreibst. Passend und besonders schön sind auch Fotos von geliebten Menschen oder andere Symbole, die für Dich Schönheit, Liebe und Harmonie ausdrücken.

Vor dem ersten Ritual (und je nach Bedarf) sollte der Altar gründlich gereinigt und (neu) geweiht werden. Gib dazu etwas Salz in Wasser und putze damit alle Gegenstände und die Altarfläche gründlich. Zusätzlich kannst Du mit Räucherstäbchen oder losem Räucherwerk auch energetische Ablagerungen lösen.

Weihe nun jedes Objekt, das Du auf den Altar legst, indem Du es mit Rosenwasser besprühst und ein kurzes Gebet sprichst, z. B. das folgende:

Heilige Venus, Göttin der Liebe und Schönheit, dieses (Name des Gegenstandes einfügen) weihe ich Dir, möge es Dir und mir dienen.

Wenn Dein Altar fertig ist, bespritze ihn mit ein paar Tropfen frischen Salzwassers und sprich: **Möge Deine göttliche Präsenz, Venus, diesen Altar in einen Ort der Magie, Kraft und Liebe verwandeln, leite mich mit Deinem sanften Licht, führe mich mit Deiner Weisheit zu mir. So sei es.**

Ferienübersicht
(Stand 02.02.2024)

	Weihnachtsferien 2024/2025	Winterferien	Osterferien
Baden-Würtemberg	23.12. – 04.01.	-	14.04. – 26.04.
Bayern	23.12. – 03.01.	03.03. – 07.03.	14.04. – 25.04.
Berlin	23.12. – 31.12.	03.02. – 08.02.	14.04. – 25.04. 02.05. + 30.05.
Brandenburg	23.12. – 31.12.	03.02. – 08.02.	14.04. – 25.04. 02.05. + 30.05.
Bremen	23.12. – 04.01.	03.02. – 04.02.	07.04. – 19.04.
Hamburg	20.12. – 03.01.	31.01.	10.03. – 21.03.
Hessen	23.12. – 10.01.	-	07.04. – 21.04.
Mecklenburg-Vorpommern	23.12. – 06.01.	03.02. – 14.02.	14.04. – 23.04. 30.05.
Niedersachsen	23.12. – 04.01.	03.02. – 04.02.	07.04. – 19.04. + 30.04.
Nordrhein-Westfalen	23.01. - 06.01.	-	14.04. – 26.04.
Rheinland-Pfalz	23.12. – 08.01.	-	14.04. – 25.04.
Saarland	23.12. – 03.01.	24.02. – 04.03.	14.04. – 25.04.
Sachsen	23.12. – 03.01.	17.02. – 01.03.	18.04. – 25.04. + 30.05.
Sachsen-Anhalt	23.12. – 04.01.	27.01. – 31.01.	07.04. – 19.04.
Schleswig-Holstein	19.12. – 07.01.	03.02.	11.04. – 25.04. 02.05.
Thüringen	23.12. – 03.01.	03.02. – 08.02.	07.04. – 19.04.

Pfingsten/ Himmelfahrt	Sommer	Herbst	Weihnachten 2025/2026
10.06. – 20.06.	31.07. – 13.09.	27.10. – 31.10.	22.12. – 05.01.
10.06. – 20.06.	01.08. – 15.09.	03.11. – 07.11.	22.12. – 05.01.
10.06.	24.07. – 06.09.	20.10. – 01.11.	22.12. – 02.01.
10.06.	24.07. – 06.09.	20.10. – 01.11.	22.12. – 02.01.
30.04. + 02.05. 30.05. + 10.06.	03.07. – 13.08.	13.10. – 25.10.	22.12. – 05.01.
02.05. + 26.05. – 30.05.	24.07. – 03.09.	20.10. – 31.10.	17.12. – 02.01.
–	07.07. – 15.08.	06.10. – 18.10.	22.12. – 10.01.
06.06. – 10.06.	28.07. – 06.09.	02.10. + 20.10. – 25.10. 03.11.	22.12. – 05.01.
02.05. + 30.05. + 10.06.	03.07. – 13.08.	13.10. – 25.10.	22.12. – 05.01.
10.06.	14.07. – 26.08.	13.10. – 25.10.	22.12. – 06.01.
–	07.07. – 15.08.	13.10. – 24.10.	22.12. – 07.01.
–	07.07. – 14.08.	13.10. – 24.10.	22.12. – 02.01.
–	28.06. – 08.08.	13.10. – 25.10.	22.12. – 05.01.
30.05.	28.06. – 08.08.	13.10. – 25.10.	22.12. – 05.01.
30.05.	28.07. – 06.09.	20.10. – 30.10. 28.11.	19.12. – 06.01.
30.05.	28.06. – 08.08.	06.10. – 18.10.	22.12. – 03.01.¥

Gesetzliche Feiertage im Jahr 2025
(Stand 07.03.2024)

Tag	Datum	Namen	Bundesland
MI	01.01.	Neujahrstag	Bundesweit
MO	06.01.	Heilige Drei Könige	BW, BY, ST
SA	08.03.	Internat. Frauentag	BE, MV
FR	18.04.	Karfreitag	Bundesweit
SO	20.04.	Ostersonntag	BB
MO	21.04.	Ostermontag	Bundesweit
DO	01.05.	Tag der Arbeit	Bundesweit
DO	29.05.	Christi Himmelfahrt	Bundesweit
SO	08.06.	Pfingstsonntag	BB
MO	09.06.	Pfingstmontag	Bundesweit
DO	19.06.	Fronleichnam	BW, BY, HE, NW, RP, SL
FR	15.08.	Mariä Himmelfahrt	BY, SL
SA	20.09.	Weltkindertag	TH
FR	03.10.	Tag der Deutschen Einheit	Bundesweit
FR	31.10.	Reformationstag	BB, HB, HH, MV, NI, SN, ST, SH, TH
SA	01.11.	Allerheiligen	BW, BY, NW, RP, SL
MI	19.11.	Buß- und Bettag	SN
DO	25.12.	1. Weihnachtstag	Bundesweit
FR	26.12.	2. Weihnachtstag	Bundesweit

Liste der verwendeten Abkürzungen

BB	– Brandenburg	NW	– Nordrhein-Westfalen
BE	– Berlin	RP	– Rheinland-Pfalz
BW	– Baden-Württemberg	SH	– Schleswig-Holstein
BY	– Bayern	SL	– Saarland
HB	– Bremen	SN	– Sachsen
HE	– Hessen	ST	– Sachsen-Anhalt
HH	– Hamburg	TH	– Thüringen
MV	– Mecklenburg-Vorpommern	TE	– Tagesenergie
NI	– Niedersachsen		

Kalenderübersicht 2025

Januar

	Mo	Di	Mi	Do	Fr	Sa	So
1			1	2	3	4	5
2	6	7	8	9	10	11	12
3	13	14	15	16	17	18	19
4	20	21	22	23	24	25	26
5	27	28	29	30	31		

Februar

	Mo	Di	Mi	Do	Fr	Sa	So
5						1	2
6	3	4	5	6	7	8	9
7	10	11	12	13	14	15	16
8	17	18	19	20	21	22	23
9	24	25	26	27	28		

März

	Mo	Di	Mi	Do	Fr	Sa	So
9						1	2
10	3	4	5	6	7	8	9
11	10	11	12	13	14	15	16
12	17	18	19	20	21	22	23
13	24	25	26	27	28	29	30
14	31						

April

	Mo	Di	Mi	Do	Fr	Sa	So
14		1	2	3	4	5	6
15	7	8	9	10	11	12	13
16	14	15	16	17	18	19	20
17	21	22	23	24	25	26	27
18	28	29	30				

Mai

	Mo	Di	Mi	Do	Fr	Sa	So
18				1	2	3	4
19	5	6	7	8	9	10	11
20	12	13	14	15	16	17	18
21	19	20	21	22	23	24	25
22	26	27	28	29	30	31	

Juni

	Mo	Di	Mi	Do	Fr	Sa	So
22							1
23	2	3	4	5	6	7	8
24	9	10	11	12	13	14	15
25	16	17	18	19	20	21	22
26	23	24	25	26	27	28	29
27	30						

Juli

	Mo	Di	Mi	Do	Fr	Sa	So
27		1	2	3	4	5	6
28	7	8	9	10	11	12	13
29	14	15	16	17	18	19	20
30	21	22	23	24	25	26	27
31	28	29	30	31			

August

	Mo	Di	Mi	Do	Fr	Sa	So
31					1	2	3
32	4	5	6	7	8	9	10
33	11	12	13	14	15	16	17
34	18	19	20	21	22	23	24
35	25	26	27	28	29	30	31

September

	Mo	Di	Mi	Do	Fr	Sa	So
36	1	2	3	4	5	6	7
37	8	9	10	11	12	13	14
38	15	16	17	18	19	20	21
39	22	23	24	25	26	27	28
40	29	30					

Oktober

	Mo	Di	Mi	Do	Fr	Sa	So
40			1	2	3	4	5
41	6	7	8	9	10	11	12
42	13	14	15	16	17	18	19
43	20	21	22	23	24	25	26
44	27	28	29	30	31		

November

	Mo	Di	Mi	Do	Fr	Sa	So
44						1	2
45	3	4	5	6	7	8	9
46	10	11	12	13	14	15	16
47	17	18	19	20	21	22	23
48	24	25	26	27	28	29	30

Dezember

	Mo	Di	Mi	Do	Fr	Sa	So
48	1	2	3	4	5	6	7
49	8	9	10	11	12	13	14
50	15	16	17	18	19	20	21
51	22	23	24	25	26	27	28
52	29	30	31				

Rückblick auf das Jahr 2024

Was habe ich gelernt?

1. _____

2. _____

3. _____

4. _____

Welche Ziele habe ich erreicht?

1. _____

2. _____

3. _____

4. _____

Was konnte ich los- bzw. hinter mir lassen?

1. _____

2. _____

3. _____

4. _____

Wofür bin ich dankbar?

1. _____

2. _____

3. _____

4. _____

Ausblick auf das Jahr 2025

Was nehme ich mir für das neue Jahr vor?

1. _____

2. _____

3. _____

4. _____

Was möchte ich im neuen Jahr verändern?

1. _____

2. _____

3. _____

4. _____

Wie belohne ich mich für das, was ich erreiche?

_____

_____

_____

_____

_____

_____

_____

Notizen

Januar 2025

KW	Mo	Di	Mi	Do	Fr	Sa	So
01			1	2	3	4	5
02	6	7	8	9	10	11	12
03	13	14	15	16	17	18	19
04	20	21	22	23	24	25	26
05	27	28	29	30	31		

Was ist mir im Dezember besonders gut gelungen?

_____

_____

_____

_____

Was möchte ich im Januar schaffen?

_____

_____

_____

_____

_____

Wie belohne ich mich, wenn ich das geschafft habe?

_____

_____

_____

_____

_____

Wofür bin ich dankbar?

_____

_____

_____

_____

_____

Montag **30** Dezember Mo>Steinbock 05:37 Uhr TE: Mond ☽ (Intuition/Frau)	**KW 1** **Neumond um 23:26 Uhr:** Wir starten kraftvoll mit wachsenden Energien in das neue Jahr. Alles neu macht – der Neumond. Jetzt ist Zeit, sich auf das neue Jahr auszurichten. Worauf freust Du Dich ganz besonders? Wenn Du die Rauhnächte (je nach Tradition vom 21. bzw. 24.12. bis 6.1.) bisher noch nicht für ein Orakel genutzt hast, dann ist heute ein guter Tag, mit Karten oder Runen einen Blick auf 2025 zu werfen.
Dienstag **31** Dezember **2024** TE: Mars ♂ (Mut/Stärke)	**Silvester / Merkur-Chiron-Trigon um 08:31 Uhr:** Plötzliche Erkenntnisse und Aha-Momente können Dich durch den ganzen Tag begleiten und zeigen Dir noch einmal ganz wunderbar, was Du eigentlich schon alles gelernt und geheilt hast. Du kannst klärende Gespräche führen, alles sagen, was Du in diesem Jahr noch loswerden möchtest, und es wird von Deinem Gegenüber auch verstanden. Du kannst das mit einer Vanilleräucherung oder -kerze unterstützen, die die Situation harmonisiert.
Mittwoch **01** Januar **2025** Mo>Wassermann 11:49 Uhr TE: Merkur ☿ (Dialog/Handel)	**Neujahr (bundesweiter Feiertag):** Einer sehr alten Überlieferung zufolge ist der Neujahrstag ein wichtiges Omen für das ganze Jahr. Alles, was Du heute tust, wird Dir im neuen Jahr also immer wieder begegnen. Achte darauf, nur das zu tun, was Du gerne tust (oder häufiger tun willst). Beginne schon heute mit Deinen Vorsätzen. Ich achte darauf, ein bisschen zu arbeiten, Freunde zu treffen, Kontakt mit meiner Familie zu haben, Zeit mit meinem Mann zu verbringen, mit meinen Kindern zu lachen und jedem meiner Hobbys für einen kurzen Moment nachzugehen.
Donnerstag **02** Januar TE: Jupiter ♃ (Geld/Job)	**Tag des Heiligen Kosmas von Konstantinopel:** Dieser Heilige der christlich-orthodoxen Kirchen besaß die Gabe der Weissagung und auch Du kannst das Thema Orakel gerade jetzt zum Jahreswechsel noch aufgreifen. Wähle aus Deinem Buchbestand heute das mit den meisten Seiten. Konzentriere Dich auf Deine Frage, lass die Blätter durch die Hände gleiten und schlage an einer beliebigen Stelle die Seiten auf. Fahre mit geschlossenen Augen mit dem Finger über die Seiten, halte inne und lies dort, wo Du zum Halt gekommen bist, die Antwort auf Deine Frage.

Römisches Friedensfest:

Im antiken Rom wurden an diesem Tag von Priesterinnen die Namen derer verlesen, die als Feinde des Friedens galten – und sich gegen Frauen strafbar gemacht hatten. Frieden und Frauenwohl galt als eng miteinander verknüpft. Sorge doch heute einmal für einen kleinen Frieden in der Welt und stärke eine Frau aus Deinem Umfeld. Entzünde dazu eine weiße Kerze, auf die Du den Namen der Frau schreibst. Lasse die Kerze ganz abbrennen und kontaktiere dann die Frau. Biete Deine Hilfe an oder vielleicht möchtest Du der Frau einfach eine kleine Freude machen? Das kann ein kleines Geschenk oder einfach ein Anruf sein.

Freitag
03
Januar

Mo>Fische
16:21 Uhr

TE: Venus ♀
(Liebe/Beauty)

Sternschnuppenregen der Quadrantiden:

Der erste Sternschnuppenregen des Jahres kann heute gegen 6 Uhr morgens südwestlich vom Sternbild Ursa Major (Großer Bär) beobachtet werden. Einem alten Brauch nach soll man, wenn man eine Sternschnuppe gesehen und sich was gewünscht hat, eine Münze an Ort und Stelle vergraben, um die Erfüllung zu sichern.

Samstag
04
Januar

TE: Saturn ♄
(Lösung/Ende)

Hollanacht:

Die Raunächte enden und daher ist es Zeit für die wilde Schar, die einer alten Überlieferung nach heute Nacht – angeführt von Frau Holle und den Perchten – über die Erde stürmt, um Unholde zu bestrafen und alle, die reinen Herzens sind, zu segnen. Zeichne ein Pentagramm vor Deine Tür auf den Boden und bestücke es mit ein paar Kupfermünzen – Reisegeld für die Wilde Schar. Die Münzen, die Du am Morgen noch findest, sollen besonders glücksbringend sein.

Sonntag
05
Januar

Mo>Widder
20:00 Uhr

TE: Sonne ☉
(Mann/Energie)

Notizen

Montag
06
Januar

TE: Mond ☽
(Intuition/Frau)

KW 2
Heilige Drei König (BW, BY, ST):
Die drei Weisen Melchior, Caspar und Balthasar folgten, so erzählt es die Bibel, dem Stern. Nach einer mühsamen Reise fanden sie das neugeborene Jesuskind – den erhofften Erlöser. Zünde heute 3 goldene (oder gelbe) Kerzen an. Jede Kerze steht für einen Aspekt der Weisheit, die die Heiligen Drei Könige mitbringen: Wissen, Verständnis und Einsicht. Ein Orakel Deiner Wahl mag Dir heute wichtige Erkenntnisse schenken.

Dienstag
07
Januar

Mo>Stier
23:11 Uhr

TE: Mars ♂
(Mut/Stärke)

Tag des keltischen Gottes Cernunnos:
Er ist der Gott der männlichen Dreiheit aus Weisheit, Schutz und Ernährung. Im Laufe der Christianisierung Europas wurde Cernunnos allmählich vom gehörnten Gott zum Dämon und Gegenspieler des Christengottes und schließlich zum Teufel oder Satan. Zünde heute eine grüne, eine gelbe und eine weiße Kerze an und fokussiere Dich auf Deine vermeintlich männlichen Eigenschaften. Wie kannst Du männliche und weibliche Energien in eine für Dich passende Balance bringen?

Mittwoch
08
Januar

TE: Merkur ☿
(Dialog/Handel)

Tag der germanischen Göttin Skadi:
Sie ist eine Schnee- und Eisgöttin, aufgewachsen in einer einsamen Berglandschaft. Als sie den Meeresgott Njörd heiratet, so erzählt es der Mythos, kann sie den Lärm der See, mit Möwen und Gischt nicht ertragen und zieht sich in die Ruhe der Berge zurück. Hast Du das Gefühl, dass Dir das Leben manchmal zu laut und zu viel ist? Dann zieh auch Du Dich an Deinen Kraftort zurück. Das kann Dein Altar, ein Wald oder auch Dein Sofa sein. Zünde eine gelbe Kerze an, um Dich während Deiner Auszeit mit positiver und kraftvoller Energie aufzufüllen. Danach bist Du wieder bereit für die Welt.

Donnerstag
09
Januar

TE: Jupiter ♃
(Geld/Job)

Tag des römischen Gottes Janus:
Er wird oft mit zwei Gesichtern dargestellt, eines nach vorne und eines nach hinten blickend. Er ist der Gott der Übergänge und Neuanfänge. Wie steht es um Deine Neujahrsvorsätze? Wenn Du Dich von ihnen entfernt hast, reflektiere zunächst die Ausgangssituation. Überlege, wie Du bisher gehandelt hast und warum Du etwas ändern möchtest. Wenn Dir die Vorteile bewusst sind, wird Janus Dir den Eintritt in eine neue Phase ermöglichen. Schreite dazu als kleinen Initiationsritus über ein rotes Band, das zwischen zwei weißen Kerzen liegt.

Tag der germanischen Göttin Freyja:

Sie ist nicht nur die Göttin der Liebe und Erotik, sondern auch die Schützerin der Katzen. Und wie soll es anders sein? In diesem Jahr, in dem die Samtpfoten eine so große Rolle in meinem Hexenkalender spielen, darf ein Ritual zum Segnen unserer Katzen nicht fehlen. Nimm Deine Stubenkatze in den Arm und sprich: Freyja, Beschützerin der Katzen, umarme meine Katze (Name) mit Deiner göttlichen Liebe, gib ihr Gesundheit und Freude. Möge (Name) in Deinem Namen gesegnet sein.

Freitag
10
Januar

Mo>Zwillinge
02:06 Uhr

TE: Venus ♀
(Liebe/Beauty)

Tag der römischen Göttin Carmenta:

Sie ist eine Göttin der Weissagung und daher passt heute folgendes Orakel: Sammle heute bei einem Spaziergang einen Stein auf, der Dich schon von weitem anspricht und untersuche ihn auf Symbole und Zeichen, die Dir Carmenta schicken möchte.

Samstag
11
Januar

TE: Saturn ♄
(Lösung/Ende)

Tag der hinduistischen Göttin Saraswati:

Sie, die Göttin des Lernens und der Weisheit, vermählt sich mit Brahma, dem Schöpfergott. So wird sie zur Mutter der gesamten Schöpfung. Sie steht auch für die menschliche Fähigkeit zu denken. Wenn Du Saraswati bitten möchtest, Dich oder Deine Kinder in den Themen Weiterbildung, Wissen und Ausbildung zu unterstützen, dann stell ein Bild der Göttin auf, schmücke es mit Blüten, lege einige Lehrbücher davor und sprich ein Gebet.

Sonntag
12
Januar

Mo>Krebs
05:24 Uhr

TE: Sonne ☉
(Mann/Energie)

Notizen

Montag **13** Januar TE: Mond ☽ (Intuition/Frau)	**KW 3** **Vollmond um 23:26 Uhr in Krebs:** Heute solltest Du Dich um Gesellschaft bemühen. Ganz egal, ob Du Dich mit Deinem Liebsten oder einigen Freundinnen verabreden möchtest – Du brauchst jemanden, bei dem Du Dich geborgen fühlen und ganz öffnen kannst. Neue Erkenntnisse und eine intensive Seelenverbindung bringen wunderschöne Energien in Dein Leben.
Dienstag **14** Januar Mo>Löwe 10:12 Uhr TE: Mars ♂ (Mut/Stärke)	**Hinduistisches Makar Sankranti:** Mit dem heutigen Tag beginnt nach alter Hindu-Tradition ein neuer, segensreicher Zeitabschnitt. Wenn man mit jemandem in Streit liegt, soll man sich heute aussöhnen, um die Götter nicht zu erzürnen. Vielleicht magst Du diese Tradition übernehmen und offene Konflikte klären. Übe Dich in Nachsicht und Vergebung. Wenn Du diese Streitigkeiten nicht persönlich (oder telefonisch) klären kannst (z. B. weil die betreffende Person bereits verstorben ist), dann beschrifte eine weiße Kerze mit dem Namen der Person, zünde die Kerze an und lass sie abbrennen. So schickst Du liebevolle Energie in die Welt, die sich positiv auf Dich auswirkt.
Mittwoch **15** Januar TE: Merkur ☿ (Dialog/Handel)	**Tag des Heiligen Romed:** Er ist auch unter dem Namen Romedius vor allem als Schutzpatron für Pferde und Reisende bekannt. Besorge Dir ein kleines Schmuckstück in Form eines Rades (oder Autos) oder Pferdes, zünde eine weiße Kerze an, stell ein Heiligenbildchen von Romed auf und sprich: Heiliger Romed, Beschützer der Reisenden, segne mich auf meinen Wegen und führe mich sicher an mein Ziel. Du kannst nun das Schmuckstück als Talisman im Koffer auf Reisen oder im Auto mitnehmen.
Donnerstag **16** Januar Mo>Jungfrau 17:45 Uhr TE: Jupiter ♃ (Geld/Job)	**Tag des hinduistischen Gottes Ganesha:** Nahezu jeder morgendliche Hindu-Gottesdienst beginnt mit einem Gebet an ihn, z. B. mit diesem: Oh anbetungswürdiger Gott voll Barmherzigkeit und Liebe. Allgegenwärtig bist Du. Gib uns ein verstehendes Herz, die rechte Einsicht, ausgeglichenes Gemüt, Vertrauen, Hingebung und Weisheit. Lege in uns geistige Kraft, Versuchungen zu widerstehen und Denken und Wollen zu beherrschen. Erfülle unser Herz mit göttlichen Tugenden. Lass uns Dich erschauen in all den Namen und Gestalten. Lass uns allezeit Deiner gedenken. Lass uns stets Deine Herrlichkeit singen. Lass Deinen Namen stets auf unseren Lippen sein.

Tag der römischen Göttin Felicitas:

Sie ist die Personifikation des Glücks, Wohlstands und der Fülle. Unter ihrem Segen kannst Du heute ein kleines Glückssäckchen herstellen. Dazu benötigst Du ein kleines grünes Säckchen, getrocknete Minze und Rosmarin und einen grünen Stein (z. B. Jade, Smaragd, Amazonit oder Malachit). Lege alles zusammen in das Säckchen, lade es mit guten Energien auf und nutze es als Glücksbringer zu Hause oder unterwegs.

Freitag

17

Januar

TE: Venus ♀
(Liebe/Beauty)

Tag der griechischen Göttin Hera:

Sie ist die Göttin der Ehe und ich nehme sie in meinen Ritualen immer wieder als außergewöhnlich stolze Frau wahr. Wende Dich an sie, wenn Du souveräner in familiären oder partnerschaftlichen Angelegenheiten werden möchtest. Stelle eine Wasserschale vor eine weiße Kerze, und lege weiße Lilien darum. Wenn Du magst, gib passendes magisches Öl dazu. Lass die Kerze abbrennen und trage Hera Deine Bitte vor. Visualisiere, wie Hera das Wasser segnet und energetisiert. Du kannst es dann in eine kleine Sprühflasche füllen und an den folgenden 9 Tagen als Auraspray verwenden.

Samstag

18

Januar

TE: Saturn ♄
(Lösung/Ende)

Sonne in Wassermann um 21:00 Uhr:

Die Sonne wechselt ins Zeichen Wassermann. Während rückständige Denkweisen immer weniger Raum haben, treten Innovationen und aufregende Ideen in den Vordergrund. Die Zeit des Ausprobierens ist gekommen. Traust Du Dich ebenfalls, neu zu denken und nie gegangene Wege zu entdecken? Wenn Du Dich noch nicht ganz so mutig fühlst, dann trage einen Lapislazuli-Stein als Glücksbringer und Unterstützer bei Dir.

Sonntag

19

Januar

Mo>Waage
04:32 Uhr

TE: Sonne ☉
(Mann/Energie)

Notizen

Montag # 20 Januar TE: Mond ☽ (Intuition/Frau)	**KW 4** **Isländisches Thorrablot:** Auch wenn heute in Island ein großes Volksfest gefeiert wird, das wenig an Rituale unserer Ahnen erinnert, so geht das Thorrablot auf den Beginn des Monats Thorri aus dem alten nordischen Kalender zurück. Ein Blot ist ein vorchristliches Ritual, welches heute noch in der Religion Asatru zelebriert wird. Dabei überbringt man den Göttern Opfergaben und bittet sie um Segen. Heute kannst Du den nordischen Göttern ein Opfer darbringen. Dafür eignen sich Trankopfer oder auch Münzen, Räucherwerk oder natürliche Speisen (also ohne Chemie etc.), die in der Erde vergraben werden.
Dienstag # 21 Januar Mo>Skorpion 17:20 Uhr TE: Mars ♂ (Mut/Stärke)	**Tag der Heiligen Agnes:** Sie ist nicht nur die Patronin der Jungfrauen, sondern auch der Blumenbinder und Gärtner. Wie wäre es heute mit einem Ritual für einen fruchtbaren Garten oder Balkon? Fülle einen Topf mit Erde aus Deinem Garten, alternativ mit Blumenerde und stelle eine gelbe Kerze hinein und entzünde sie. Schmücke Deinen Altar mit zahlreichen Blüten, die Du auf Papier zeichnest. Deiner Fantasie sind keine Grenzen gesetzt. Visualisiere währenddessen, wie zahlreiche Blüten Deinen Garten bzw. Balkon zieren werden, wenn die Zeit kommt. Lass die Kerze ausbrennen und verstreue die Erde in Deinem Garten oder in Deine Balkonkästen.
Mittwoch # 22 Januar TE: Merkur ☿ (Dialog/Handel)	**Tag der griechischen Musen** Die Musen sind die griechischen Schutzgöttinnen der Künste und Wissenschaften, Töchter von Mnemosyne und Zeus. Jede hat ihren eigenen Bereich: Klio (Geschichte), Melpomene (Tragödie), Terpsichore (Tanz), Thalia (Komödie), Euterpe (Musik), Erato (Liebesdichtung), Urania (Astronomie), Polyhymnia (Hymnen), Kalliope (epische Dichtung). Fehlt Dir Kreativität, finde einen ruhigen Ort, zünde eine Kerze an und schreibe den Namen der Muse, deren Energie Du anrufen möchtest. Lavendelöl in einer Duftlampe beruhigt den Geist und löst Denkblockaden. Lass Dich von der Magie der Musen inspirieren und entdecke neue kreative Wege!
Donnerstag # 23 Januar TE: Jupiter ♃ (Geld/Job)	**Tag der griechischen Göttin Kybele:** Sie ist die große Muttergöttin und zeigt sich oft in wilder, ungezähmter Energie. Sie wird oft mit Trommeln dargestellt. Wenn Du oft zu „verkopft" bist und es Dir schwerfällt, Kontakt zu Deinen ungehemmten weiblichen Energien aufzunehmen, dann zünde heute ein Räucherwerk mit erdigem Duft an und gebe Dich einem rhythmischen Trommeln hin. Du hast keine Trommeln? Deine Hände, Oberschenkel und auch Dein Tisch geben gute Instrumente ab.

Tag der römischen Göttin Terra Mater:

Oft wurden Kybele und Terra Mater zusammen verehrt. Auch Terra Mater ist die weibliche Energie, die wild und ungeformt ist. Allerdings wird heute vor allem der Aspekt der Fruchtbarkeit verehrt. Für ein Wunscherfüllungsritual fülle einen Topf mit Blumenerde und lege 3 Sonnenblumensamen hinein. Jedes wachsende Pflänzchen steht für einen Wunsch. Hege und pflege sie, damit sie groß und stark werden und wenn die neuen Samen reif sind, werden auch Deine Wünsche erfüllt sein.

Freitag
24
Januar

Mo>Schütze
05:28 Uhr

TE: Venus ♀
(Liebe/Beauty)

Tag des Heiligen Heinrich:

Seine Weisheit und sein Mitgefühl gerade auch in Menschen, die nicht an Gott glaubten, machten ihn zu einem großen Seelsorger, dem heute noch viele folgen. Nutze den heutigen Tag, um in Gesprächen wirklich genau hinzuhören. Wie möchte Dein Gegenüber verstanden werden? Versuchst Du, Informationen aufzunehmen oder bist Du gedanklich schon bei Deiner Antwort? Wenn Dir das Hinhören manchmal schwerfällt, brenne heute eine graue Kerze ab. Sie hilft Dir dabei, besser zu kommunizieren und Dich mehr auf Dein Gegenüber einzulassen.

Samstag
25
Januar

TE: Saturn ♄
(Lösung/Ende)

Venus-Mars-Trigon – 00:53 Uhr:

Diese Konstellation verspricht eine glückliche und lange Liebe – es ist also der beste Zeitpunkt für eine Hochzeit. Aber auch Dates an diesem Wochenende sind vielversprechend. Feurige, auch sexuelle, Energien liegen in der Luft und sorgen für Anziehung auf allen Ebenen.

Sonntag
26
Januar

Mo>Steinbock
14:42 Uhr

TE: Sonne ☉
(Mann/Energie)

Notizen

Montag

27

Januar

TE: Mond ☽
(Intuition/Frau)

KW 5

Römische Paganalien:

Bei diesem Fest hat man vor allem den Erdgöttinnen Ceres und Tellus gehuldigt. Dafür wurden spezielle Opferbrote gebacken. Probiere doch mal das folgende Rezept aus: 200g Weizenmehl auf eine Arbeitsfläche geben, 400g klein zerkrümelten Schafskäse und 1 Ei dazu geben und die Masse gut durchkneten. Der Teig ist sehr feucht und soll es auch sein. Verteile nun ca. 20 Lorbeerblätter auf ein Backblech und lege aus der Masse geformte kleine Bällchen darauf. Nach ca. 25 Minuten bei 180 °C im Ofen sind die Leckereien fertig. 3 Bällchen werden den Göttinnen als Opfer dargebracht, der Rest darf gegessen werden.

Dienstag

28

Januar

Mo>Wassermann
20:31 Uhr

TE: Mars ♂
(Mut/Stärke)

Tag des Gottes Bieggaolmaj:

Dieser Windgott war den Samen (ein indigenes, ostskandinavisches Volk) besonders heilig. Sie betrachten sich noch heute als Volk von Sonne und Wind. Heute ist der richtige Tag für eine Meditation – wenn Du magst, warm angezogen im Freien. Setze Dich an einen Platz, an dem Du ungestört bist. Beobachte, wie der Rhythmus Deiner Atmung mit dem Wind immer mehr harmoniert. Diese Meditation kann ein paar Augenblicke dauern oder auch länger – ganz so, wie es Dir guttut.

Mittwoch

29

Januar

TE: Merkur ☿
(Dialog/Handel)

Mondknoten in Fische um 07:49 Uhr / Neumond um 13:35 Uhr in Wassermann:

Der Wassermann, der uns Revolution, Neuanfänge und Wandel bringt, fällt mit dem Eintritt des Mondknotens in die Fische zusammen. Traditionell ist dies die Aufforderung, mehr Leichtigkeit in Dein Leben zu lassen. Nicht alles muss mit sturer Disziplin „durchgeprügelt" werden.

Donnerstag

30

Januar

Mo>Fische
23:52 Uhr

TE: Jupiter ♃
(Geld/Job)

Uranus direktläufig im Stier um 17:22 Uhr:

Die Zeichen stehen auf Aufbruch! Nachdem der gestrige Tag schon die Neustart-Energie aktivierte, tut Uranus heute sein Übriges. Da Uranus allerdings noch im Stier steht, der es ja gern etwas gemütlicher angeht, braucht es Durchhaltevermögen. Es kann sich anfühlen, als würde man mit gezogener Handbremse fahren. Dennoch: Mach Dich auf den Weg und greife nach den Sternen!

Tag der gnostischen Göttin Sophia:

Die Gnosis entwickelte sich ab dem 2. Jahrhundert zum theologischen Hauptgegner der frühen christlichen Kirche. Sie bezieht sich auf das esoterische Wissen und die spirituelle Erleuchtung, die in frühen christlichen Bewegungen angestrebt wurde. Diese Gruppen glauben, dass wahre Erkenntnis (Gnosis) den Schlüssel zur Erlösung darstellt, im Gegensatz zum bloßen Glauben oder dogmatischen Wissen. Gnostische Lehren betonen oft eine dualistische Weltsicht, die sich nicht nur auf die Pole gut und böse bezieht, sondern auch in der Schöpfung nicht nur einen Schöpfergott, sondern auch eine Schöpfergöttin erkennt.

Freitag
31
Januar

TE: Venus ♀
(Liebe/Beauty)

Venus-Neptun-Konjunktion um 17:33 Uhr:

„Spiritualisierung der Liebe" las ich vor einigen Jahren irgendwo zu dieser Konstellation und das trifft es ziemlich genau. Es kann sehr romantisch sein, in seinem Liebespartner auch eine Seelenverbindung zu erkennen. Doch dies ist nicht immer so. Verliere heute nicht den Boden unter den Füßen und suche nach dem spirituellen Genuss auch einen Moment der Erdung.

Samstag
01
Februar

TE: Saturn ♄
(Lösung/Ende)

Neuheidnisches Imbolc:

Dieses Lichtfest gehört zu den wichtigsten Hexenfeiertagen im Jahr und wird traditionell am 1. oder 2. Februar gefeiert. Es markiert den Beginn des Frühlings und kündigt die Rückkehr des Lichtes an. Das Fest ist eng mit der keltischen Göttin Brigid verbunden und steht unter dem Motto der Reinigung. Hausräucherungen mit Weihrauch, Salbei oder auch Styrax passen heute ebenso gut wie ein Salzbad oder eine Meditation.

Sonntag
02
Februar

Mo>Widder
02:09 Uhr

TE: Sonne ☉
(Mann/Energie)

Notizen

Notizen

Februar 2025

KW	Mo	Di	Mi	Do	Fr	Sa	So
05						1	2
06	3	4	5	6	7	8	9
07	10	11	12	13	14	15	16
08	17	18	19	20	21	22	23
09	24	25	26	27	28		

Was ist mir im Januar besonders gut gelungen?

_____

_____

_____

_____

Was möchte ich im Februar schaffen?

_____

_____

_____

_____

_____

Wie belohne ich mich, wenn ich das geschafft habe?

_____

_____

_____

_____

Wofür bin ich dankbar?

_____

_____

_____

_____

Montag

03

Februar

TE: Mond ☽
(Intuition/Frau)

KW 6
Tag der keltischen Göttin Cathubodua:
Sie ist eine eher unbekannte gallische Rabengöttin und wegen ihrer Unbarmherzigkeit oft gefürchtet. Sie gilt als wild, nahezu aggressiv. Wenn Du mit ihrer Energie umgehen kannst, dann bitte sie um Klarheit, die sie Dir schnörkellos zeigt. Dazu gehört Mut, aber es lohnt sich.

Dienstag

04

Februar

Mo>Stier
04:33 Uhr

TE: Mars ♂
(Mut/Stärke)

Jupiter direktläufig in Zwillinge um 10:40 Uhr:
Jupiter aktiviert erneut die Energien des Zwillings und bringt vor allem geistige Weiterentwicklung. Hast Du das Gefühl, Situationen oder Sachverhalte in den letzten Monaten nicht gut verstanden zu haben? Dann ist jetzt der richtige Zeitpunkt für Wiederholung. Neue Perspektiven und Erkenntnisse erweitern Deinen Horizont.

Mittwoch

05

Februar

TE: Merkur ☿
(Dialog/Handel)

Tag der Heiligen Agatha:
Traditionell wurde früher dem Vieh das sogenannte Agathabrot vor dem Almauftrieb gefüttert. Dem Volksglauben nach sollte das dafür sorgen, dass die Kühe sich vertragen. Agathabrot wurde aber generell als glücksbringend betrachtet. In vielen katholischen Gemeinden geht der Pfarrer auch heute noch frühmorgens am Agathatag in die Bäckereien und segnet die Brote, die dann verkauft werden.

Donnerstag

06

Februar

Mo>Zwillinge
07:43 Uhr

TE: Jupiter ♃
(Geld/Job)

Tag der japanischen Göttin Amaterasu:
Sie ist die Sonnengöttin und ihr Name bedeutet so viel wie große erlauchte Gottheit, die den Himmel beleuchtet. Stärke heute Dein inneres Licht, das zu größerem Selbstbewusstsein führen kann, indem Du eine gelbe Kerze mit Deinem Namen beschriftest, mit Rosenöl einreibst und abbrennen lässt. Achte darauf, dass – wenn auch nur wenig – Sonnenlicht auf Deinen Altar fällt.

Tag der griechischen Göttin Selene:

Sie ist die Mondgöttin und bewacht die Träume der Menschen sowie das nächtliche Licht. Sie hilft Dir, Deine Intuition zu stärken. Leg heute 3 Mondstein-Kristalle auf Deinen Altar, zünde eine weiße Kerze an und nimm Dir ein nagelneues Notizbuch zur Hand. Weihe dieses heute als Dein Traumtagebuch, indem Du künftig notierst, was Dir zu Deinen Träumen wichtig erscheint.

Freitag
07
Februar

TE: Venus ♀
(Liebe/Beauty)

Chinesisches Yuanxiao:

Dieses Fest, welches auch Shangyuan genannt wird, beschließt die Feierlichkeiten zum neuen Jahr. Tangyuan (Reisbällchen) symbolisieren dabei den Familienzusammenhalt. Du kannst sie so zubereiten: Knete 150g Klebreismehl mit 150ml Wasser zu einem Teig. Röste 6 TL schwarzen Sesam, mische ihn mit 3 TL Zucker und forme kleine Bällchen aus dem Teig. Fülle die Bällchen mit der Sesammischung und koche sie, bis sie oben schwimmen. Serviere die Reisbällchen in Zuckerwasser (1 TL brauner Zucker in 250 ml heißem Wasser).

Samstag
08
Februar

Mo>Krebs
12:04 Uhr

TE: Saturn ♄
(Lösung/Ende)

Tag der Heiligen Apollonia:

Die Bauernregel „Ist's an Apollonia feucht, der Winter oft sehr spät entfleucht!" zeigt sich vor allem in Mitteldeutschland oft als zutreffend. Allerdings gelten solche traditionellen Wetterregeln nur lokal und für den Ort der Beobachtung. Am besten ist es, ein Wettertagebuch zu führen. Mit ein bisschen Geduld und regelmäßigen Einträgen gelingt es Dir ganz leicht, selbst Wetterregeln abzuleiten.

Sonntag
09
Februar

TE: Sonne ☉
(Mann/Energie)

Notizen

Montag **10** Februar Mo>Löwe 18:00 Uhr TE: Mond ☽ (Intuition/Frau)	**KW 7** **Tag der persischen Göttin Anahita:** Um Dich an die Göttin des Wassers und der Fruchtbarkeit zu wenden, um Reinheit, Heilung und Fülle zu erbitten, dekoriere Deinen Altar mit blauen und grünen Farben. Zünde eine blaue Kerze an und sprich: „Heilige Anahita, segne mich mit Deiner heilenden Kraft. Reinige und erfrische mein Herz." Sprich dann Deinen Wunsch direkt in die Flamme.
Dienstag **11** Februar TE: Mars ♂ (Mut/Stärke)	**Katholischer Gedenktag „Unserer Lieben Frau von Lourdes":** Grundlage sind die Visionen der jungen Bernadette im Jahr 1858. In der Grotte von Massabielle in Lourdes erschien ihr die Jungfrau Maria. Bis heute ist Lourdes einer der wichtigsten Wallfahrtsorte der Welt. Auch wenn Du heute nicht nach Frankreich reisen kannst oder willst, kannst Du Dich mit diesen besonderen Energien göttlicher Barmherzigkeit verbinden. Platziere eine weiße Kerze und weiße Rosen auf Deinem Altar und visualisiere beim Anzünden der Kerze, wie Dich göttliche Energie aus der Flamme ganz ausfüllt.
Mittwoch **12** Februar TE: Merkur ☿ (Dialog/Handel)	**Vollmond in Löwe um 14:53 Uhr:** Heute gehen wir mit Tatkraft und Optimismus durch den Tag. Der Vollmond versorgt Dich mit Mut, Durchhaltevermögen und Motivation für alles, was Du Dir vorgenommen hast. Du schaffst heute sogar, Liegengebliebenes aufzuarbeiten. Das hilft Dir, den Kopf freizubekommen.
Donnerstag **13** Februar Mo>Jungfrau 02:07 Uhr TE: Jupiter ♃ (Geld/Job)	**Tag der Maya-Göttin Acal Voh:** Sie ist die Göttin, die das Lebensnetz webt. Sie hilft Dir, Dich besser zu vernetzen. Nutze den Tag heute für ein kleines Ritual: Nimm Dir ein Blatt Papier zur Hand und schreibe Deinen Namen mittig darauf. Zeichne nun die Menschen ein, die Dir gut tun in Deinem Leben. Verbinde alle mit einer Linie untereinander und auch mit Dir. Wenn Du in diesem Netz Lücken wahrnimmst, die Du gern füllen möchtest, dann zeichne Stellvertreterpunkte für neue Kontakte, die Du in nächster Zeit knüpfen wirst, ein. Dieses Ritual hilft Dir dabei, bessere Beziehungen zu Deinen Kontakten zu pflegen und neuen Menschen zu begegnen.

Tag des Heiligen Valentin:

Der römische Priester Valentin verheiratete trotz kaiserlichen Verbotes Liebespaare nach christlichem Ritus. Der Überlieferung nach hat Valentin den frisch verheirateten Paaren Blumen aus seinem Garten geschenkt. Es ist anzunehmen, dass es sich dabei um Löwenmäulchen handelte, da diese schon in alter Zeit Liebesglück versprachen, und nicht wie heute die Rosen. Du solltest unbedingt Löwenmäulchen im Haus oder im Garten haben, damit die Liebe bei Dir einzieht.

Freitag
14
Februar

TE: Venus ♀
(Liebe/Beauty)

Römische Lupercalien:

Dieses Reinigungs- und Opferfest wurde im antiken Rom zu Ehren des Gottes Lupercus gefeiert. Heute nutze ich diese Energie gern für einen Frühjahrsputz, der vom abnehmenden Mond und von den Saturnenergien des heutigen Tages noch unterstützt werden. Vielleicht möchtest Du es mir gleichtun und zunächst mit dem Ausmisten starten? Womit ist Dein Haus oder Deine Wohnung angefüllt, obwohl Du es gar nicht (mehr) benötigst? Sortiere aus und lass alles gehen, was Dich nicht glücklich macht.

Samstag
15
Februar

Mo>Waage
12:44 Uhr

TE: Saturn ♄
(Lösung/Ende)

Tag der persischen Göttin Armaiti:

Sie ist die Göttin der Hingabe, der Geduld und der Fürsorge und vor allem der Natur. Hast Du Pflanzen in Deinem Zuhause? Verbinde Dich heute mit Armaiti, indem Du Dich um Deine Pflanzen liebevoll kümmerst und Dich mit ihren Energien verbindest. Du kannst auf die Unterseite der Töpfe auch die Zahl 6 zeichnen, denn diese steht in der Numerologie für Fruchtbarkeit und Wachstum.

Sonntag
16
Februar

TE: Sonne ☉
(Mann/Energie)

Notizen

Montag **17** Februar TE: Mond ☽ (Intuition/Frau)	**KW 8** **Tag des römischen Gottes Quirinus:** Auch wenn er als einer der wichtigsten Götter im antiken Rom vor allem als Kriegsgott bekannt ist, birgt er eine sehr feine Schutzenergie. Er ist für Frieden in der Gemeinschaft zuständig, weshalb Du ihn heute um Schutz und Harmonie für Deine Familie bitten kannst. Kopiere ein Foto, auf dem die für Dich wichtige Kernfamilie zusammen abgebildet ist, schreibe den Familiennamen mit Schwung auf die Rückseite und stell eine rote Kerze darauf, die ganz abgebrannt werden soll. Lorbeerblätter vervollständigen dieses Ritual.
Dienstag **18** Februar Mo>Skorpion 01:18 Uhr TE: Mars ♂ (Mut/Stärke)	**Sonne in Fische um 11:06 Uhr:** Wenn die Sonne in das Zeichen Fische wechselt, herrschen Träume, Visionen und manchmal auch Illusionen. Nutze diese Zeitqualität, um Dich Deinen Träumen hinzugeben. Sie müssen jetzt nicht auf Stabilität geprüft werden. Trau Dich, groß zu denken – und zu fühlen. Luftschlösser sind heute ausdrücklich erlaubt. Erst in der nächsten Woche wird geprüft, was Potenzial hat und aussortiert, was nicht genug Substanz hat.
Mittwoch **19** Februar TE: Merkur ☿ (Dialog/Handel)	**Tag des Heiligen Acca:** Er ist der Patron des Lernens und unterstützt Dich in Ausbildungen und Prüfungen. Der Citrin hilft hier übrigens auch. Nimm einen Kristall in die Hand, während Du lernst. Der Überlieferung nach speichert der Citrin das Wissen. In der Prüfung soll er Dir angeblich die Antworten „zuflüstern". Außerdem sorgt er für Konzentration und hilft gegen Prüfungsangst.
Donnerstag **20** Februar Mo>Schütze 13:54 Uhr TE: Jupiter ♃ (Geld/Job)	**Tag irischen Göttin Cliodhna:** Sie ist eine sehr alte Feenkönigin, Banshee der Sioga und in alten Mythen eine Göttin der Liebe und Schönheit. Man erzählt sich, dass sie drei leuchtend bunte Vögel hat, die Äpfel aus dem Land der Ewigkeit essen und deren Gesang alle Kranken gesund macht. Das Teilen des Apfels gilt übrigens seit langer Zeit als Zeichen der Liebe. Aber auch als Orakel taugt der Apfel: Schon im 1. Jahrhundert vor unserer Zeitrechnung wurde berichtet, dass man die Antwort auf eine Ja/Nein-Frage bekommt, wenn man einen Apfelkern zwischen Daumen und Zeigefinger zur Zimmerdecke schnippt. Erreicht der Kern die Decke, so ist die Antwort positiv. Ansonsten nicht.

Friesisches Biikebrennen:

Dieser Brauch ist eine der ältesten friesischen Traditionen und wird noch immer am Vorabend des Petritages an der gesamten Nordseeküste gefeiert. Durch das traditionelle Entfachen eines riesigen Feuers soll der Winter ausgetrieben werden. Falls Du heute einem solchen Treiben nicht beiwohnen kannst, solltest Du eine große Kerze anzünden, um den Winter zu vertreiben.

Freitag

21

Februar

TE: Venus ♀
(Liebe/Beauty)

Buddhistisches Maha Shivaratri:

Die „Nacht des großen Shiva" ist für seine Anhänger das höchste Fest, die heiligste aller Nächte. Viele Gläubige durchwachen die Nacht, singen, beten und erzählen sich Geschichten darüber, wie Shiva die Welt rettete und die Sünden der Menschen vergibt. Ich lade Dich ein, heute eine kleine weiße Kerze zu entzünden und Dich von den Geschichten über Shiva inspirieren zu lassen. Wenn Du magst, besuche eine der unzähligen buddhistischen Gemeinden und nimm diese besondere Energie wahr.

Samstag

22

Februar

TE: Saturn ♄
(Lösung/Ende)

Merkur-Mars Trigon um 17:58 Uhr:

Nach einigen Tagen, in denen Du Visionen entwickeln und auch träumen konntest, wird es jetzt konkret. Dieser harmonische astrologische Aspekt gibt den Startschuss zu klarer, entschlossener und konkreter Planung. Wichtig: Nutze diese Energie zur Planung, aber setze Deine Pläne noch nicht sofort um.

Sonntag

23

Februar

Mo>Steinbock
00:08 Uhr

TE: Sonne ☉
(Mann/Energie)

Notizen

Montag **24** **Februar** TE: Mond ☽ (Intuition/Frau)	**KW 9** **Mars direktläufig in Krebs um 02:59 Uhr:** Es kann sein, dass Du Deine Beziehungen (jeglicher Natur) aktuell als etwas schwankend empfindest. Mars unterstützt Dich heute dabei, das Miteinander in die gewünschte Richtung zu lenken. Du fühlst Dich in den nächsten Tagen mutig genug, die Dinge beim Namen zu nennen. Nutze diese Energie für Aussprachen.
Dienstag **25** **Februar** Mo>Wassermann 06:39 Uhr TE: Mars ♂ (Mut/Stärke)	**Tag der griechischen Göttin Eris:** Sie ist die Göttin des Streits und besonders bekannt für ihren Mythos: Eris war den sogenannten „Apfel der Zwietracht" mit der Inschrift „Für die Schönste" bei der Hochzeit von Peleus und Thetis unter die Gäste, was zu einem Streit zwischen Hera, Athena und Aphrodite führte und schließlich den Trojanischen Krieg auslöste. Heute ist ein guter Tag zu reflektieren, welche Kleinigkeiten Dich schnell „auf die Palme" bringen. Ist es der Zahnpastadeckel, der nicht wieder auf die Tube geschraubt wurde oder das Auto des Nachbarn, das nicht gerade geparkt ist? Trag einen Aventurin in der Hosentasche. Er hilft Dir dabei, kleine Ärgernisse mit Humor zu nehmen.
Mittwoch **26** **Februar** TE: Merkur ☿ (Dialog/Handel)	**Tag der griechischen Göttin Hygieia:** Sie ist die Göttin der Gesundheit, des Wohlbefindens und der Hygiene. Sie ist die Tochter des Asklepios, des Gottes der Medizin und Epione, der Göttin der Schmerzlinderung. Zünde heute eine blaue Kerze an und lass Dich von Hygieia inspirieren. Sie darf Dich auch daran erinnern, dass Hygiene nicht nur den Körper, sondern auch die Gedanken betrifft. Auch Deine Psyche muss regelmäßig gereinigt werden, z. B. mittels Meditation.
Donnerstag **27** **Februar** Mo>Fische 09:46 Uhr TE: Jupiter ♃ (Geld/Job)	**Römische Equirria:** Bei diesem Neujahrs- und Frühlingsfest zu Ehren des Gottes Mars wurden traditionell die Kriegspferde rituell gereinigt. Außerdem brachte man den Göttern ein Opfer dar, um sie für die kommenden Kriege auf der „richtigen" Seite zu wissen. Werde Dir heute Deiner „Waffen" bewusst. Wo liegen Deine Talente? Entzünde eine rote Kerze und ein Räucherstäbchen (oder eine Räucherung) für Mut und Stärke, um Deine Stärken noch mehr nutzen zu können.

Neumond in Fische um 01:44 Uhr:

Dieser Vollmond ist das Ende eines Zyklus. Was kannst Du heute noch „rund" machen? Was nimmst Du Dir für den nächsten 12 Monate vor? Du könntest Dir magische Unterstützung dazu sichern. Nimm Dir eine kleine Phiole, fülle sie mit folgenden Zutaten: Salz, getrocknete Minze, einem Zettel, auf dem Dein Wunsch aufgeschrieben ist, ein paar Jaspis-Splitter und etwas getrocknetem Basilikum. Verschließe die Phiole gut und wickle ein Haar von Dir herum. Die Phiole kannst Du nun an einem geheimen Ort in Deinem Zuhause aufbewahren, damit sie ihre gute Energie abgibt.

Freitag
28
Februar

TE: Venus ♀
(Liebe/Beauty)

Schmalziger Samstag:

Dieser Name bezieht sich auf die beginnende Fastenzeit am Ascher-mittwoch nächster Woche. In diesen Tagen wurden noch einmal Fett-vorräte aufgebraucht, die während der Fastenzeit nicht erlaubt waren. Oft gibt es noch heute Krapfen in der Fastenzeit. Erbettelte Krapfen sollen übrigens Glück bringen und einen Wunsch erfüllen.

Samstag
01
März

Mo>Widder
10:51 Uhr

TE: Saturn ♄
(Lösung/Ende)

Venus rückläufig in Widder um 01:36 Uhr:

Solange die Venus rückläufig ist, stehen die Sterne eher ungünstig für eine neue Liebe. Beziehungen, die in diesen Zeiten beginnen, zeichnen sich besonders durch Machtspielchen und Konkurrenzgehabe aus. Es ist nur schwer möglich, sich auf Augenhöhe zu begegnen. Schau Dir in Deiner Radix an, welcher Lebensbereich betroffen ist.

Sonntag
02
März

TE: Sonne ☉
(Mann/Energie)

Notizen

Notizen

März 2025

KW	Mo	Di	Mi	Do	Fr	Sa	So
09						1	2
10	3	4	5	6	7	8	9
11	10	11	12	13	14	15	16
12	17	18	19	20	21	22	23
13	24	25	26	27	28	29	30
14	31						

Was ist mir im Februar besonders gut gelungen?

_____

_____

_____

_____

Was möchte ich im März schaffen?

_____

_____

_____

_____

_____

Wie belohne ich mich, wenn ich das geschafft habe?

_____

_____

_____

_____

_____

Wofür bin ich dankbar?

_____

_____

_____

_____

_____

Montag **03** März Mo>Stier 11:36 Uhr TE: Mond ☽ (Intuition/Frau)	**KW 10** **Japanisches Hina Matsuri:** Dieser Tag ist auch als Puppenfest bekannt, weil man in den letzten Tagen einen Satz spezieller Papierpuppen aufstellte. Diese sollten böse Geister und negative Energien anziehen und in sich einschließen, sodass sie den Menschen nicht mehr schaden können. Dafür werden Sie heute in einem Boot einem Fluss übergeben, die die Puppen und damit die bösen Geister fortträgt. Du könntest diese Reinigungsenergie für eine Reinigungsräucherung nutzen, die Du mit Pfirsichblüten versetzt.
Dienstag **04** März TE: Mars ♂ (Mut/Stärke)	**Tag der Heiligen Katharina von Bologna:** Sie war schon zu Lebzeiten eine aktive Kunstmäzenin und blieb es auch nach ihrem Tod. Als Patronin der Künstler, unterstützt sie in den Themen Kreativität aber auch Spiritualität. Zünde heute eine violette Kerze an und betätige Dich an Deinem Altar künstlerisch. Vielleicht magst Du ein Bild für Deinen Altar zeichnen oder ein Gebet schreiben, ein Deckchen besticken oder auch eine Figur modellieren?
Mittwoch **05** März Mo>Zwillinge 13:29 Uhr TE: Merkur ☿ (Dialog/Handel)	**Aschermittwoch:** Heute beginnt die Fastenzeit im christlichen Kalender, die aber auch von vielen Nichtchristen begangen wird. Dabei geht es allerdings gar nicht so sehr um Verzicht. Dieser ist eigentlich nur der Weg hin zu Reflexion und spiritueller Erneuerung. So lautet meine Frage in diesem Jahr an Dich nicht, worauf Du für die nächsten vier Wochen verzichten möchtest. Sondern: Worauf möchtest Du Dich in den nächsten Wochen besonders konzentrieren? Was soll Priorität haben?
Donnerstag **06** März TE: Jupiter ♃ (Geld/Job)	**Jüdischer Mosetag:** An diesem Tag wird in einigen jüdischen Traditionen der Jahrestag des Todes des Patriarchen und Propheten begangen, obwohl die genauen historischen Daten unsicher sind. Moses gilt als eine der wichtigsten Figuren im Judentum, der den Israeliten die Zehn Gebote und die Tora gab. Hast Du schon einmal in der Tora geblättert? Heute wäre ein guter Tag dafür! Ganz besonders wichtig ist es nach jüdischem Brauch, die Tora laut zu lesen. Man glaubt, dass nur im Diskutieren – zumindest mit sich selbst – die Worte überhaupt erst verständlich und einprägsam wären.

Tag der Irokesen-Göttin Ataentsic:

Sie ist die Urmutter und symbolisiert Himmel, Erde und das Leben als solches. Dem Mythos nach wurde sie von ihrem Ehemann, dem Himmelsgott aus der Heimat vertrieben. Du kannst sich an sie wenden, wenn Du Dich heimatlos, unsicher und allein fühlst. Zünde eine grüne Kerze an und dekoriere Deinen Altar mit natürlichen Elementen wie Blättern, Steine und Blüten. Stelle auch eine Schale Wasser dazu. Verbinde Dich mit der Göttin und lass das Wasser mit der Kerzenenergie aufladen. Wenn die Kerze ganz abgebrannt ist, kannst Du das Wasser als Segnungswasser für Dich verwenden.

Freitag
07
März

Mo>Krebs
17:28 Uhr

TE: Venus ♀
(Liebe/Beauty)

Internationaler Frauentag (BE, MV):

Begehe den Frauentag spirituell und lade Freundinnen zu einem Ritual ein. Setzt Euch im Kreis, jede bringt eine Stabkerze und ein intuitiv gewähltes Öl mit. Salbt jede Kerze gemeinsam und erzählt Euch von gemeinsamen Erlebnissen. Dann werden alle Kerzen eng zusammen aufgestellt, sodass aus vielen kleinen Flammen eine große Flamme wird. So könnt Ihr Eure Energien bündeln und jede geht gestärkt aus dem Ritual.

Samstag
08
März

TE: Saturn ♄
(Lösung/Ende)

Funkensonntag:

Dieses traditionelle Fest – auch Funkenfeuer genannt – wird immer noch in einigen Regionen Europas (vor allem alpinen Raum) gefeiert, um den Winter zu vertreiben und den Frühling zu begrüßen. Bereite ein kleines Lagerfeuer oder eine Feuerstelle vor. Wenn das nicht möglich ist, kannst Du eine Kerze oder eine kleine Feuerschale verwenden. Schreibe Deine Wünsche und Absichten für den Frühling auf kleine Zettel, die Du ins Feuer wirfst. Gib noch ein paar Rosmarinzweige ins Feuer, um die Wünsche zu manifestieren.

Sonntag
09
März

Mo>Löwe
23:58 Uhr

TE: Sonne ☉
(Mann/Energie)

Notizen

Montag **10** März TE: Mond ☽ (Intuition/Frau)	**KW 11** **Tag des slawischen Gottes Perun:** Ebenso wie die germanischen Gott Thor ist auch dem Gott Perun die Eiche heilig. Er wird gerufen, um Schwüre zu bezeugen und auch, um alte oder unüberlegte Versprechen zu lösen. Schreibe dazu die gegebenen Versprechen einzeln auf Zettel und verbrenne sie dann. Die Asche der nun gelösten Schwüre vergräbst Du unter einer Eiche.
Dienstag **11** März TE: Mars ♂ (Mut/Stärke)	**Tag des griechischen Gottes Herakles:** Der Sage nach begegnet der junge Herakles an einer Weggabelung zwei Frauen. Die eine (sie nennt sich Glückseligkeit) trägt kostbare Gewänder und verspricht ihm ein Leben voll Genuss und Reichtum. Die andere (sie stellt sich als Tugend vor), schlicht gekleidet, warnt ihn dagegen: „Von dem Guten und wahrhaft Schönen geben die Götter den Menschen nichts ohne Mühe und Fleiß." Herakles entscheidet sich, der Tugend zu folgen, weil er Angst um seinen Ruf hatte. Damit Du Dich der Tugend und der Glücksseligkeit anschließen kannst, zünde heute eine gelbe und eine rosafarbene Kerze gleichzeitig an, die Du mit Deinem Namen beschriftet hast und lass sie abbrennen.
Mittwoch **12** März Mo›Jungfrau 08:55 Uhr TE: Merkur ☿ (Dialog/Handel)	**Tag der römischen Göttin Minerva:** Sie ist unter anderem auch die Göttin der klugen Entscheidungen. Dekoriere Deinen Altar mit Olivenzweigen, reibe eine blaue Kerze mit etwas Olivenöl ein und zünde diese an. Nimm Dir nun einen möglichst schönen Würfel (Du kannst auch selbst einen anfertigen). Weihe den Würfel der Göttin Minerva und bitte um ihren Beistand. Lege die Optionen zwischen derer Du Dich entscheiden möchtest in Form von Symbolen ebenfalls auf den Altar. Visualisiere die Möglichkeiten und weise ihnen Zahlen auf dem Würfel zu (z. B. ungerade Zahl = ja, gerade Zahl = nein etc.). Dann würfle. Und dann triff Deine Entscheidung – die auch anders ausfallen darf, als der Würfel Dir vorgibt.
Donnerstag **13** März TE: Jupiter ♃ (Geld/Job)	**Schintoistisches Kasuga Matsuri:** Bei diesem Fest, das als eines der wichtigsten Japans gilt, werden an den Schreinen der Götter und an anderen Kraftplätzen Opfergaben hinterlegt. Nutze die heutige Energie, um Kraftplätze in Deiner Gegend zu besuchen, z. B. große Findlinge, Hügelgräber oder Kirchen. Nimm Dir ein paar Bergkristalle mit, die Du vorher gut gereinigt hast. Fühle am Kraftplatz in die Energie des Ortes hinein. Lade Deine Kristalle nun gut auf, indem Du Dir vorstellst, wie die Energie über Deine Füße in Deine Hände steigt und in die Kristalle wandert. Diese Energie kannst Du jetzt wie kleine Batterien mit nach Hause nehmen und Dich bei Bedarf aufladen.

Vollmond in Jungfrau um 07:54 Uhr mit Mondfinsternis:

Der Vollmond in der Jungfrau sorgt dafür, dass wir klarsehen und Lust auf Struktur bekommen. Vielleicht bekommst Du sogar Lust auf einen Frühjahrsputz? Doch Achtung! Übernimm Dich nicht. Die Mondfinsternis lässt unsere Energien stark schwanken, sodass wir schneller als sonst ermüden. Es gilt also, sich nur kleine Schritte vorzunehmen und jede erledigte Aufgabe, und mag sie noch so klein sein, zu feiern.

Freitag
14
März

Mo>Waage
19:58 Uhr

TE: Venus ♀
(Liebe/Beauty)

Merkur rückläufig in Widder um 07:46 Uhr:

Ab heute stehen Missverständnisse wieder auf der Tagesordnung. Merkur sorgt für holprige Kommunikation und allerlei technische Störungen. Doch lass Dich davon nicht lähmen. Sei achtsamer als üblich, um gut durch diese Zeit zu kommen. (Merkur bleibt bis zum 07. April rückläufig)

Samstag
15
März

TE: Saturn ♄
(Lösung/Ende)

Tag der gallischen Göttin Damona:

Sie ist die Göttin der heiligen Quellen und wurde im Bereich des heutigen Nordfrankreichs verehrt – und vor allem für ihre Heilkraft gerühmt. Ganz Mutige wagen heute ein Bad in einer Quelle. Doch selbst, wenn Dir das zu kalt ist, kannst Du etwas Wasser einer Quelle schöpfen, Damona um Segen bitten und das Wasser für Heilrituale verwenden.

Sonntag
16
März

TE: Sonne ☉
(Mann/Energie)

Notizen

Montag **17** März Mo>Skorpion 08:30 Uhr TE: Mond ☽ (Intuition/Frau)	**KW 12** **Tag der keltischen Göttin Nemetona:** Sie ist die Göttin der Heiligen Haine. Es passt heute energetisch sehr gut, Deinen Altar aufzuräumen, zu putzen und neu zu weihen. Zünde dazu neben Deinem Altar eine Bienenwachskerze an. Bitte Nemetona, Dich und Deinen Altar zu reinigen und diesen heiligen Raum vor negativen Einflüssen zu bewahren. Vergiss nicht, Deinen Altar zum Schluss neu zu weihen.
Dienstag **18** März TE: Mars ♂ (Mut/Stärke)	**Tag der germanischen Göttin Eostre:** Sie symbolisiert Fruchtbarkeit und Wiedergeburt – den Frühling. In einem Ritual, bei dem Du eine pastellfarbene Kerze entzündest und Deinen Altar mit Hasenfiguren, Eiern und grünen Zweigen dekorierst, kannst Du Dein Herz für die Möglichkeiten öffnen, die Eostre Dir im Frühling zeigen möchte.
Mittwoch **19** März Mo>Schütze 21:16 Uhr TE: Merkur ☿ (Dialog/Handel)	**Tag des Heiligen Joseph:** Er ist der Ehemann der Jungfrau Maria und gilt als Schutzpatron der Familien. Heute passt ein Familiensegen sehr gut. Schreibe dazu die Namen aller Familienmitglieder auf einen großen Zettel. Schreibe auch entfernte Verwandtschaft auf. Falte den Zettel dann zusammen, schreibe den Familiennamen darauf und versprühe etwas Lilienduft. Visualisiere, wie der Segen Josefs alle umhüllt.
Donnerstag **20** März TE: Jupiter ♃ (Geld/Job)	**Sonne in Widder um 10:01 Uhr:** Energetisch betrachtet, starten wir heute in das neue Jahr. Wenn die Sonne den sogenannten Frühjahrspunkt erreicht, sind Tag und Nacht in Balance und die helle Jahreszeit beginnt. Die Venus übernimmt die Jahresherrschaft. Mit dem Ritual, welches Du ganz am Anfang des Buches findest, kannst Du die Göttin heute begrüßen und Dich auf das neue Jahr einstimmen.

Keltisches Alban Eilir:

Der Name bedeutet so viel wie „Licht über dem Land". Heute wird die Rückkehr der Sonne mit einem Segnungsritual gefeiert. Winde dazu ein paar Schlüsselblumenhalme (Achtung! Stehen unter Naturschutz, daher bitte nur aus dem heimischen Garten!) um einen Weidenzweig. Steck den Zweig und eine weiße Kerze in die Erde (im Garten oder im Blumentopf). Während die Kerze abbrennt, bitte um reichhaltiges Wachstum und Schutz für Deine Pflanzen und Dich.

Freitag

21
März

TE: Venus ♀
(Liebe/Beauty)

Tag der ägyptischen Göttin Bastet:

Die katzenköpfige Fruchtbarkeitsgöttin gilt als Schützerin der Schwangeren, als Göttin der Liebe, des Tanzes und der Feste. Du kannst sie zum einen um Hilfe bitten, wenn Du Anliegen zu Deiner Katze hast. Bastet hilft Dir jedoch auch selbst dann, einen klaren Durchblick zu behalten, wenn Du gerade in schwierigen Situationen steckst und Dich – mental – verlaufen hast.

Samstag

22
März

Mo>Steinbock
08:28 Uhr

TE: Saturn ♄
(Lösung/Ende)

Tag der hinduistischen Göttin Aramati:

Sie beschützt Menschen, die sich gerade im Gebet oder in einer Meditation befinden, vor negativen Energien. Du kannst Aramati auch dann anrufen und um Hilfe bitten, wenn Du keine Ruhe findest. Ein Malachit unterstützt zusätzlich.

Sonntag

23
März

TE: Sonne ☉
(Mann/Energie)

Notizen

Montag **24** März Mo>Wassermann 16:24 Uhr TE: Mond ☽ (Intuition/Frau)	**KW 13** **Tag der ägyptischen Göttin Maat:** Sie ist die Göttin der Gerechtigkeit und wird oft mit einer Feder dargestellt, mit welcher sie dem Mythos nach das Herz der Verstorbenen aufwiegt, bevor die Seelen ins Totenreich dürfen. Wenn Du Dich ungerecht behandelt fühlst, bitte Maat um Hilfe. Dekoriere den Altar mit einer großen Feder, zünde eine graue Kerze an und trage Dein Anliegen vor.
Dienstag **25** März TE: Mars ♂ (Mut/Stärke)	**Verkündung des Herrn:** Das christliche Hochfest, Annunziata genannt, feiert die Verkündigung der bevorstehenden Geburt an Maria, neun Monate vor Weihnachten. Da Jesus als Sonne und aufgehendes Licht gilt, wird in einigen Regionen heute Frühlingsanfang gefeiert. Die im Frühjahr aus dem Süden heimkehrenden Schwalben gelten als das der Gottesmutter Maria geweihte Tier. Wo die Schwalbe nistet, soll das Glück wohnen – so die Überlieferung.
Mittwoch **26** März Mo>Fische 20:31 Uhr TE: Merkur ☿ (Dialog/Handel)	**Tag der slawischen Göttin Dodola:** Sie ist eine slawische Regengöttin. Der Mythos erzählt, dass es regnet, wenn sie ihre himmlischen Kühe (die Wolken) melkt. Sollte es heute regnen, solltest Du unbedingt nach draußen gehen und den segenspendenden Regen auf Deiner Haut spüren und auch etwas in ein Schälchen füllen und auf den Altar stellen.
Donnerstag **27** März TE: Jupiter ♃ (Geld/Job)	**Lilith in Skorpion um 01:29 Uhr:** Jetzt wird es sinnlich! Lillith sorgt für Leidenschaft, absolute Hingabe und neigt manchmal auch zu Fanatismus. Sorge dafür, dass Du diese wilde Energie etwas bändigst, indem Du ihr einen Spielraum zuteilst, in dem sie sich ungezügelt zeigen kann. Vermeide auf jeden Fall Konflikte, die momentan nicht gelöst werden können und sich eher verhärten könnten.

Tag der germanischen Göttin Baduhenna:

Sie ist eine Göttin des Kampfes, des Mutes und der Überwindung. Sie kann angerufen werden, wenn Du schwierige Situationen meistern musst. Finde einen schönen Platz mit Bäumen und lebendem (fließendem) Wasser. Schöpfe etwas Wasser und knete aus der Erde mit dem Wasser eine Göttinnenfigur. Schreibe auf die Brust der Figur den Anfangsbuchstaben Deines Namens und lege sie genau am Übergang von Wasser und Land ab. Baduhenna wird die Energie aufnehmen und an Deiner Seite sein.

Freitag
28
März

Mo>Widder
21:35 Uhr

TE: Venus ♀
(Liebe/Beauty)

Neumond in Widder um 11:57 Uhr mit Sonnenfinsternis:

Alle Zeichen stehen auf Neuanfang! Heute ist die dritte – und letzte – Möglichkeit, das Jahr neu zu starten. Hast Du Dich weit von Deinen Silvestervorsätzen entfernt? Oder war der Jahresanfang alles andere als glücklich für Dich? Dann fang heute neu an! Starte mit einer reinigenden Dusche, zünde ein Räucherstäbchen und eine weiße Kerze an und dreh Deine Lieblingsmusik laut auf. Tanze, zapple und schüttle alles ab, was Dich belastet. Auch der Lärm vertreibt alte Energien. Lass los und starte neu!

Samstag
29
März

TE: Saturn ♄
(Lösung/Ende)

Neptun in Widder um 13:57 Uhr /Zeitumstellung:

Deine Intuition „schießt ins Kraut". Du spürst Energien aktuell ganz besonders und intensiv. Diese Energie kannst Du gut nutzen, um Dich wieder mit Deinem inneren Selbst und auch spirituell mit der geistigen Welt zu verbinden – und Deine Empfindungen etwas in nutzbare Bahnen zu lenken. Zünde heute eine blaue und eine violette Kerze gleichzeitig an. Achte darauf, dass Du zwischen den Flammen sitzt – also die Kerzen in einiger Entfernung zueinander stehen. Wende Dich nun immer wieder abwechselnd den einzelnen Flammen zu – lass Dich dabei von Deiner Intuition leiten.

Sonntag
30
März

Mo>Stier
22:15 Uhr

TE: Sonne ☉
(Mann/Energie)

Notizen

55

Notizen

April 2025

KW	Mo	Di	Mi	Do	Fr	Sa	So
14		1	2	3	4	5	6
15	7	8	9	10	11	12	13
16	14	15	16	17	18	19	20
17	21	22	23	24	25	26	27
18	28	29	30				

Was ist mir im März besonders gut gelungen?

_____

_____

_____

_____

Was möchte ich im April schaffen?

_____

_____

_____

_____

_____

Wie belohne ich mich, wenn ich das geschafft habe?

_____

_____

_____

_____

_____

Wofür bin ich dankbar?

_____

_____

_____

_____

_____

Montag **31** März TE: Mond ☽ (Intuition/Frau)	**KW 14** **Tag der slawischen Göttin Devana:** Sie ist die Herrin des Waldes und der wilden Natur. Oft wird sie mit der römischen Göttin Diana oder auch der griechischen Göttin Artemis verglichen. Devana symbolisiert unter anderem Unabhängigkeit, Stärke und die Verbindung zur Natur. Heute passt daher ein Ritual unter freiem Himmel am besten. Du kannst einen Altar aus Naturmaterialien, aus dem, was der Ort Dir zur Verfügung stellt – z. B. aus Blättern, Zweigen, Steinen etc. – errichten und Devana um Unterstützung bitten, damit Du Deine eigene Kraft und innere Stärke wiederfindest.
Dienstag **01** April Mo>Zwillinge 22:25 Uhr TE: Mars ♂ (Mut/Stärke)	**Tag des germanischen Gottes Loki:** Er wird in den modernen Interpretationen der nordischen Mythologie oft als Narr oder gar Unruhestifter dargestellt. Allerdings ist dies nur eine Seite der Medaille. Loki beschützt seine Kinder und ist bereit, dafür auch Schaden in Kauf zu nehmen. Damit zeigt er sich als absolut zuverlässiger Vater. Zugegeben, es braucht etwas Mut, ihn anzurufen – und vor allem Konzentration. Denn er nimmt Dich beim Wort! Wähle Deine Worte, Gedanken und Wünsche weise. Von Loki bekommst Du genau das, was Du Dir gewünscht hast.
Mittwoch **02** April TE: Merkur ☿ (Dialog/Handel)	**Tag des Heiligen Urban:** Der Überlieferung zufolge versteckte Urban sich vor seinen Verfolgern hinter einem Weinstock. Daher werden zu seinem Gedenktag in Weingegenden oft Bittprozessionen abgehalten. Du kannst heute ein Amulett aus einer Weinrebe flechten. Die Weinrebe erinnert Dich daran, dass man zwar Wurzeln hat, aber mit seinem Wachstum selbst bestimmen kann, was man erreichen möchte.
Donnerstag **03** April TE: Jupiter ♃ (Geld/Job)	**Tag des ägyptischen Gottes Min:** Er ist der Gott der Fruchtbarkeit, der Stärke und der männlichen Energien. Was hast Du Dir für dieses Jahr vorgenommen? Ganz gleich, ob es berufliche oder persönliche Ziele sind oder es sich gar um Wünsche für Deinen Garten handelt – Min ist ein guter Ansprechpartner für Wachstum und Fülle. Biete ihm auf Deinem Altar eine Opfergabe dar, wie z. B. Früchte, Honig oder Milch, sprich ein Gebet der Dankbarkeit und eine Bitte um seine Segnungen.

Saturn-Uranus Sextil um 18:20 Uhr:

Begrenzungen und plötzliche Wendungen treffen heute aufeinander. Vielleicht fühlst Du Dich, als fährst Du mit angezogener Handbremse? Mit viel Disziplin und gewissen Strukturen kannst Du diese Bremse lösen und Deine Ideen auch praktisch umsetzen. Spontane Projekte oder kurzfristige Veränderungen sind jedoch von Dauer und können sich rasch stabilisieren – und sind dann nur schwer wieder rückgängig zu machen.

Freitag
04
April

Mo>Krebs
00:49 Uhr

TE: Venus ♀
(Liebe/Beauty)

Chinesisches Qingming Fest:

Dieser Tag ist auch als Grabkehrfest bekannt und hat einen festen Platz im chinesischen Kalender. Traditionell werden heute Friedhöfe besucht, die Gräber gereinigt und dadurch den Verstorbenen Respekt erwiesen. Wenn möglich, besuche auch Du die Gräber Deiner Vorfahren. Reinige sie, entferne alte Pflanzenreste und lege frische Blumen nieder. Nimm Dir Zeit, Deinen Vorfahren zu gedenken. In China werden auch Räucherstäbchen an den Gräbern entzündet und man bittet um Schutz und Führung.

Samstag
05
April

TE: Saturn ♄
(Lösung/Ende)

Tag der slawischen Göttin Lada:

Sie ist die Göttin der Schönheit und der Liebe. „Lad" bedeutet so viel wie Frieden, Einheit und Harmonie. Der Mythos erzählt, dass Lada heute aus der Unterwelt aufsteigt und den Frühling mitbringt. Du kannst heute einen Zettel mit Deinem Liebeswunsch beschriften und unter einer Linde vergraben. Diese ist Ladas heiliger Baum und sie wird Deinen Wunsch aufnehmen.

Sonntag
06
April

Mo>Löwe
06:34 Uhr

TE: Sonne ☉
(Mann/Energie)

Notizen

61

Montag **07** April TE: Mond ☽ (Intuition/Frau)	**KW 15** **Merkur direktläufig in Fische um 13:07 Uhr:** Endlich ist Merkur wieder direktläufig. Die Zeit der Missverständnisse und defekter Technik ist vorerst überstanden. Besonders liebevolle Kommunikation kommt heute sehr gut an. Wem aus Deinem Umfeld tun ein paar wertschätzende Worte gut?
Dienstag **08** April Mo>Jungfrau 15:39 Uhr TE: Mars ♂ (Mut/Stärke)	**Tag des germanischen Gottes Njörd:** Er ist der Gott des Meeres und wurde bzw. wird für Eide und Gelöbnisse angerufen, die dann mit den Worten schließen: „So helfen mir Njörd und Freyr und der allmächtige Ase."
Mittwoch **09** April TE: Merkur ☿ (Dialog/Handel)	**Tag der ägyptischen Göttin Hathor:** Als Göttin der Geburt, des Lebens und des Todes war es ihre Aufgabe, einen Körper für die unsterbliche Seele zu erschaffen. Als Schöpferin des Körpers inspiriert sie auch körperliche Freuden. Gönne Dir heute einen Beauty-Abend oder Tag mit Maske, Peeling und allem Drum und Dran. Du kannst die heutige Merkur-Energie zusätzlich nutzen, indem Du Dir zu den Pflegeritualen eine oder mehrere Freundinnen dazu einlädst, Ihr gemeinsam etwas Leckeres esst und ganz viel redet.
Donnerstag **10** April TE: Jupiter ♃ (Geld/Job)	**Tag der Heiligen Cuanna:** Sie gilt als eine der ersten Heiligen des christlichen Irlands, ist allerdings – wie so oft – eine alte keltische Göttin. Cuanna wird – sowohl als Heilige, als auch als Göttin – auch heute noch in Gesundheitsfragen um Unterstützung gebeten. Ihr zugeordnet ist auch die Minze. Gegen (Frühjahrs-)Müdigkeit und bei Konzentrationsschwäche hilft ein Riechfläschchen. Je ein Tropfen Minz-, Zitronen- und Bergamottöl sowie 10ml Weingeist mischen und in eine kleine Kettenampulle füllen. Bei Bedarf kannst Du die Ampulle öffnen und an der Ölmischung riechen, um Deine Gedanken zu klären und Dich wieder munter zu fühlen.

Tag der keltischen Göttin Epona:

Sie wird besonders mit Pferden assoziiert und besonders von den Galliern als Beschützerin auf Reisen verehrt. Planst Du auch eine Reise? Dann richte einen Altar zu Ehren von Epona ein, auf den Du Symbole wie Pferdefiguren, Hufeisen etc. stellst. Setz Dich vor Deinen Altar, zünde eine grüne Kerze an und visualisiere, wie sie Dich auf Deiner Reise beschützt. Auch um den Schutz Deiner Liebsten auf ihren Reisen kannst Du so erbitten.

Freitag

11

April

Mo>Waage
03:11 Uhr

TE: Venus ♀
(Liebe/Beauty)

Jüdischer Sederabend:

Heute, mit Sonnenuntergang wird der Beginn des Pessach-Festes gefeiert und an den Auszug der Israeliten aus Ägypten erinnert. Zur Tradition gehört nicht nur das Lesen der Haggada, welche die Geschichte des Auszugs erzählt und Gebete, Lieder und Erklärungen zu den Ritualen des Abends enthält. Auch verschiedene Speisen gehören dazu. So z. B. die Sederplatte (Karpas, bittere Kräuter, Chrosset, Ei und Lamm) und das Mazza (ungesäuertes Brot). Der Abend soll vor allem daran erinnern, die Freiheit zu schätzen und die Bedeutung von Gemeinschaft zu erkennen.

Samstag

12

April

TE: Saturn ♄
(Lösung/Ende)

Vollmond in Waage um 02:22 Uhr / Venus direktläufig in Fische um 03:02 Uhr:

Schon die frühen Morgenstunden setzen die Energie des Tages. So geht es darum, das eigene Selbst nicht nur der Harmonie wegen völlig zu vergessen. Der Vollmond bringt Sehnsucht nach Harmonie und Miteinander mit sich – ohne Frage eine gute Energie. Venus wünscht sich in ihrer Direktläufigkeit die Beschäftigung mit den eigenen Werten, die Liebe zu sich selbst. Zum Nachmittag hin, wenn der Mond in den Skorpion wechselt, kann das zu Reibungspunkten aufgrund unterschiedlicher Interessen führen. Bleib ganz bei Dir!

Sonntag

13

April

Mo>Skorpion
15:54 Uhr

TE: Sonne ☉
(Mann/Energie)

Notizen

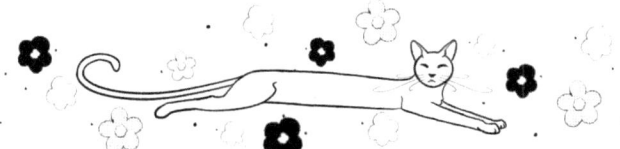

63

Montag **14** April TE: Mond ☽ (Intuition/Frau)	**KW 16** **Karmontag:** Mit dem gestrigen Palmsonntag begann die Karwoche mit dem Einzug Jesu auf einem Esel reitend in Jerusalem. Der Bibel zufolge (u. a. Matthäus 21,1) weint Jesus über den geistlichen Zustand Jerusalems. Es ging vor allem um die Frage, wer Jesus überhaupt sei. Am heutigen Karmontag entwickelt sich die Geschichte insofern weiter, als dass Jesus wütend wird, weil der Sinn des Tempels verfälscht wurde, da es nicht mehr um die Gemeinschaft mit Gott, sondern um profitable Geschäfte ging. Ich möchte in dieser Woche die gesamte Karwoche beleuchten. Wenn Du keine Bibel hast, schicke ich Dir gern die entsprechenden Texte kostenfrei zu.
Dienstag **15** April TE: Mars ♂ (Mut/Stärke)	**Kardienstag:** Ganz im Zeichen der Marsenergien, ist der Dienstag der christlichen Karwoche, den Streitgesprächen mit den Hohepriestern, Pharisäern und Sadduzäern gewidmet, die – so erzählt es die Bibel unter anderem in Matthäus 21,23 – Jesus führte. Am dritten Tag der Karwoche geht es vor allem um die Frage der Ablehnung oder Anerkennung der Person von Jesus. In diesen theologischen Streitgesprächen wird Jesus von den Gelehrten auf seine Rechtgläubigkeit getestet, wodurch sich die Reden von Jesus immer mehr zuspitzen.
Mittwoch **16** April Mo>Schütze 04:37 Uhr TE: Merkur ☿ (Dialog/Handel)	**Karmittwoch:** Auch heute passen die Tagesenergien von Merkur gut zu den Geschehnissen in der Karwoche, wie sie die Bibel (heute z. B. Matthäus 26,1) erzählt. In der Ostergeschichte kannst Du nachlesen, dass am Mittwoch der Entschluss vom Hohen Rat nach langen Verhandlungen getroffen wurde, Jesus zu beseitigen. Auch der Entschluss, Jesus gegen 30 Silberlinge zu verkaufen, passt zu Merkur, der für Verhandlungen aller Art steht. 
Donnerstag **17** April TE: Jupiter ♃ (Geld/Job)	**Gründonnerstag:** Die Geschichten um diesen Tag sind in der Bibel (z. B. ab Matthäus 26,17) ganz besonders ausführlich, ganz entsprechend der Jupiterenergie (Expansion und Ereignisdichte). Der Brauch, an diesem Tag nur grüne Feldfrüchte und grünes Gemüse zu essen, um die Kraft des Frühlings und die heilende Wirkung aufzunehmen, steht im absoluten Einklang mit den Fastenvorschriften dieser Woche. Mit dem sogenannten letzten Abendmahl nähern wir uns dem eigentlichen Osterfest weiter an.

Karfreitag (bundesweiter Feiertag):

Am Tag der Kreuzigung Jesu, wie in Matthäus 27,1 beschrieben, sind wir energetisch eng mit den Tagesenergien verbunden. Die Venus-Energie steht für hingebungsvolle Liebe, ähnlich der Auffassung der Christen über Jesu Opfer aus Liebe für die Menschen. Am Karsamstag endet die Karwoche ereignislos. Nach Matthäus 27,62 akzeptieren die Menschen Jesu Tod, im Einklang mit der Saturn-Tagesenergie, die für Stabilität und Abschluss steht. Die Geschichten der Karwoche zeigen die chaldäische Reihe der Planeten und Energien, die bis heute die Reihenfolge unserer Wochentage bestimmen.

Freitag

18
April

Mo>Steinbock
16:12 Uhr

TE: Venus ♀
(Liebe/Beauty)

Sonne in Stier um 21:55 Uhr:

Die Sonne zieht heute in den Stier, macht alles greifbar, was bisher eher in Gedanken existierte, und sorgt für Erdung und Manifestation. Auch diese Energie passt mit einem „so ist es und das ist die Wahrheit" sehr gut und in die Geschehnisse der Karwoche. Vielleicht erkennst Du hier die Gemeinsamkeiten von vorchristlichen Erkenntnissen über Energie, wie diese Energie die Geschichten um Jesus tragen und den Bezug zur Gegenwart. Ich lade Dich ein, Dich – auch wenn Du kein Christ bist – auf diese Reise durch die verschiedenen Energien ein.

Samstag

19
April

TE: Saturn ♄
(Lösung/Ende)

Ostersonntag (BB) / Venus-Mondknoten Konjunktion um 15:38 Uhr:

Mit der Auferstehung Jesu beginnt die Passionswoche der Christen. Frauen erkennen dies als Erste und verstehen das Göttliche darin. Obwohl sie in der jüdischen Religion keine Priesterinnen sein durften und von männlichen Gelehrten oft unterschätzt wurden, zeigt dieser Bericht erstaunlicherweise, dass Frauen angesehene Priesterinnen sein konnten – und auch waren. Die Venus-Mondknoten-Konjunktion zeigt heute ein Erstarken der Kraft der Frauen und die Heilung alter karmischer Wunden des Patriarchats.

Sonntag

20
April

TE: Sonne ☉
(Mann/Energie)

Notizen

65

Montag **21** April Mo>Wassermann 01:21 Uhr TE: Mond ☽ (Intuition/Frau)	**KW 17** **Ostermontag (bundesweiter Feiertag):** Obwohl Kar- und Passionswoche mit Kreuzigung und Osterfest eine jüdisch-christliche Geschichte erzählen, stecken in den alten Geschichten und den immer noch üblichen Bräuchen allerlei vorchristliche und heidnische Bräuche. So besitzt das Wasser, welches am Ostersonn- oder Montag noch vor Sonnenaufgang aus einer Quelle geschöpft wird, magische Heilkraft. Symbole wie Ei und Lamm standen schon lange vor der Geburt des Christentums für Fruchtbarkeit, Neuanfang und den Frühling.
Dienstag **22** April TE: Mars ♂ (Mut/Stärke)	**Tag der griechischen Göttin Iris:** Sie ist die Göttin des Regenbogens und bringt die Nachrichten der Götter zu den Menschen. Wenn Du das nächste Mal einen Regenbogen siehst, dreh Dich einmal um Dich selbst. Dann sollen Dich langersehnte Nachrichten endlich erreichen. Einer alten Überlieferung nach fällt ein Hut, den man in den Regenbogen wirft, voll Gold wieder herab.
Mittwoch **23** April Mo>Fische 07:06 Uhr TE: Merkur ☿ (Dialog/Handel)	**Tag des römischen Gottes Jupiter:** Er ist der oberste Gott im römischen Götterhimmel und steht als Planet vor allem für Expansion. Zünde daher heute eine grüne Kerze zur Stärkung der Finanzen an. Bist Du selbstständig? Dann ist der heutige Tag besonders günstig für strategische Gespräche mit Geschäftspartnern oder einem Coach.
Donnerstag **24** April TE: Jupiter ♃ (Geld/Job)	**Tag der griechischen Göttin Gaia:** Sie ist in der griechischen Mythologie die Urgöttin der Erde, die personifizierte Göttin selbst und steht damit für Fruchtbarkeit und Wachstum. Du kannst heute grüne, blaue und braune Kerzen anzünden und Gaia für ihre Großzügigkeit danken und sie bitten, dass sie Dich inspiriert und Deinen Plänen Leben schenkt.

Tag des Heiligen Markus:

Früher wurden an diesem Tag vielerorts Wacholderfeuer angezündet, um böse Geister zu vertreiben. Daher bietet sich auch für uns heute eine Räucherung an, um unser Umfeld von negativer Energie zu reinigen. Du kannst den Wacholder einfach aus dem Küchenschrank nehmen und verschiedene andere Gewürze dazu geben. Zum Beispiel Melisse, Beifuß oder auch Rosmarin.

Freitag

25
April

Mo›Widder
09:23 Uhr

TE: Venus ♀
(Liebe/Beauty)

Ostersamstag:

Eine Woche nach dem Karsamstag endet mit dem heutigen Ostersamstag und dem morgigen Weißen Sonntag die sogenannte Osteroktav, acht Tage seit Ostersonntag, die in der christlichen Liturgie als Hochfest gelten. Die Osterenergie ist zweifellos noch zu spüren und kann auch von Dir noch genutzt werden, um Dir über Deinen persönlichen Glauben klar zu werden. Was bedeutet Spiritualität für Dich? Was brauchst Du für Dich ganz persönlich, um Deine eigene Spiritualität leben zu können?

Samstag

26
April

TE: Saturn ♄
(Lösung/Ende)

Neumond in Stier um 21:31 Uhr:

Fällt Dir konzentriertes Arbeiten mit Struktur schwer? Dann nimm Dir heute Zeit, zünde eine weiße und eine blaue Kerze an und plane Deine Woche bzw. Dein Projekt ganz neu. Der Neumond hilft Dir, fokussierter und analytisch – und vor allem ehrlich zu Dir selbst – zu denken und diese Gedanken dann in einen Plan zu fassen.

Sonntag

27
April

Mo›Stier
09:16 Uhr

TE: Sonne ☉
(Mann/Energie)

Notizen

Notizen

Mai 2025

KW	Mo	Di	Mi	Do	Fr	Sa	So
18				1	2	3	4
19	5	6	7	8	9	10	11
20	12	13	14	15	16	17	18
21	19	20	21	22	23	24	25
22	26	27	28	29	30	31	

Was ist mir im April besonders gut gelungen?

_____

_____

_____

_____

Was möchte ich im Mai schaffen?

_____

_____

_____

_____

_____

Wie belohne ich mich, wenn ich das geschafft habe?

_____

_____

_____

_____

_____

Wofür bin ich dankbar?

_____

_____

_____

_____

_____

Montag # 28 April TE: Mond ☽ (Intuition/Frau)	**KW 18** **Ridvan der Baha'i:** Das höchste Fest der Baha'i dauert mehrere Tage, wobei der 1. (am 20. April), der 9. (heute) und der 12. (am 1. Mai) Tag besonders wichtig ist. Die Religion der Baha'i entstand um 1860 herum und hat als Ziel die Einheit aller Menschen in der Verbindung der Religionen. Das einzige Haus der Andacht (Gemeindehaus der Baha'i) in Deutschland steht in Hofheim-Langenhain und ein Besucht lohnt sich. Denn dort finden einfache Andachtsprogramme statt, bei denen das Wort Gottes aus den Heiligen Schriften der Baha'i und aus den Schriften anderer Weltreligionen gelesen wird.
Dienstag # 29 April Mo>Zwillinge 08:34 Uhr TE: Mars ♂ (Mut/Stärke)	**Tag der Heiligen Katharina von Siena:** Sie war eine italienische Mystikerin und Kirchengelehrte im 15. Jahrhundert und wurde – obwohl sie mit nur 33 Jahren starb, keinerlei Ausbildung hatte und weder lesen noch schreiben konnte – eine der wichtigsten Kirchenlehrerinnen der katholischen Kirche. Sie verfasste (und diktierte) an die tausend Briefe, von denen über 380 erhalten sind und setzte sich stets für Frieden und Versöhnung ein. Besonders empfehle ich die Briefe „An die Frauen der Welt" die als Buch erhältlich sind und die zeigen, dass sie mit ihren Gedanken zur Stellung der Frau ihrer Zeit weit voraus war.
Mittwoch # 30 April TE: Merkur ☿ (Dialog/Handel)	**Neuheidnisches Walpurgis:** Die Schleier zur geistigen Welt sind heute ganz besonders dünn. Verstärkt durch die Merkur-Energien des heutigen Tages bieten sich heute besonders gut Kontakte zu Verstorbenen oder generell zur geistigen Welt an. Triff Dich zu einer Séance mit Freundinnen, befrage das Ouija-Brett oder nimm Kontakt zu Deinem Schutzengel auf.
Donnerstag # 01 Mai Mo>Krebs 09:22 Uhr TE: Jupiter ♃ (Geld/Job)	**Tag der Arbeit (bundesweiter Feiertag) / Hohenmaien:** Mit dem germanischen Fest zum Sommerbeginn, das von vielen Hexen auch schon in der vorangegangenen Nacht als Beltane gefeiert wurde, ehren wir die Fruchtbarkeit der Natur und die daraus wachsende Fülle. Wenn Du selbst kein Feuer als Symbol des Lichts und der wärmenden Sonne entzünden magst oder kannst, besuche eins der zahlreichen Maifeste, auf denen auch heute noch große Lagerfeuer üblich sind. Eine alte Tradition besagt, dass ein Paar, welches zusammen durch das Feuer springt, ein Leben lang glücklich beieinanderbleibt.

Tag der ägyptischen Göttin Taueret:

Als Mutter des Nils wird sie manchmal als Nilpferd dargestellt. Sie ist die Göttin der Geburt und Kinderpflege. Taueret steht Frauen in der Schwangerschaft, im Geburtsprozess und in den ersten Wochen mit dem Baby bei. Dazu kann man eine kleine Nilpferdfigur auf den Nachttisch stellen. Sie bringt dann Leichtigkeit, Glück und Kraft.

Freitag

02

Mai

TE: Venus ♀
(Liebe/Beauty)

Tag der römischen Göttin Flora:

Sie ist die Göttin der Blumen, des Frühlings und der Blüten. Errichte heute einen Altar zwischen duftenden Blüten und visualisiere, wie Du selbst zu einer Blume wirst, deren Knospe noch geschlossen ist. Durch das Sonnenlicht und der Energie von Flora kannst Du Dich öffnen und auch metaphorisch voll entfalten.

Samstag

03

Mai

Mo›Löwe
13:29 Uhr

TE: Saturn ♄
(Lösung/Ende)

Pluto rückläufig in Wassermann um 17:27 Uhr:

All das, was sich in den letzten Wochen oder Monaten frei, innovativ und leicht gezeigt hat, fällt in den nächsten Wochen noch einmal richtig schwer. Vielleicht fühlt es sich an, als würde die Mühe, die Du in die Veränderung gesteckt hast, sich nicht lohnen, als wäre ohnehin alles umsonst. Wichtig ist, dass Du Dich nicht in einen Strudel aus Selbstmitleid und Aufgabe herabziehen lässt. Nutze die Wochen für einen Qualitätscheck und eine kleine Innovationspause.

Sonntag

04

Mai

TE: Sonne ☉
(Mann/Energie)

Notizen

73

Montag **05** Mai Mo>Jungfrau 21:39 Uhr TE: Mond ☽ (Intuition/Frau)	**KW 19** **Merkur-Jupiter Sextil um 19:21 Uhr:** Hast Du heute Lust auf eine Verabredung? Auch wenn Dir vielleicht die Kraft oder die Zeit fehlt, könnte die Sehnsucht nach einem Mädelsabend, Kaffeeklatsch oder einfach einem locker-leichten Telefonat riesig werden. Komm dem zuvor und sorge für Begegnungen und Treffen.
Dienstag **06** Mai TE: Mars ♂ (Mut/Stärke)	**Eta-Aquariiden:** Der Höhepunkt dieses Meteorstroms kann besonders gut ca. eine Stunde vor der Morgendämmerung ganz flach am östlichen Horizont gesehen werden. Je weiter südlicher Du Dich in Europa befindest, desto mehr Sternschnuppen kannst Du sehen. Wünsch Dir was!
Mittwoch **07** Mai TE: Merkur ☿ (Dialog/Handel)	**Tag des Heiligen Stanislaus:** „Wenn Tränen weint der Stanislaus, das tut uns gar nicht leid. Es werden blanke Heller draus in ganz kurzer Zeit!" So lautet eine alte Wetterregel, mit der die aktuell sichtbaren Sternschnuppen (siehe Dienstag) gemeint sind, die vor allem fruchtbare Zeiten in der Landwirtschaft bringen sollen. Doch Du kannst die Energien der Fülle auch für Deinen Geldbeutel nutzen. Gib einen Tropfen Geldöl in Dein Portemonnaie, auf eine grüne Kerze und in Deine Hand. Verreibe das Öl und lass die Kerze abbrennen.
Donnerstag **08** Mai Mo>Waage 09:06 Uhr TE: Jupiter ♃ (Geld/Job)	**Tag der römischen Göttin Vesta:** Sie ist die Schützerin des Heims und der Familieneinheit. Negative Energien, vor allem nach einem Streit, können die Harmonie und die Stimmung in Deinem Zuhause nachhaltig verschlechtern. Gehe darum heute einmal laut klatschend durch Dein Zuhause. Der Überlieferung nach vertreibt Lärm schlechte Energien und böse Geister.

Tag der römischen Larvae:

Früher wurden die Larvae, die Seelen der Verstorbenen, aus Angst vor umherirrenden Geistern mit Speise- und Trankopfern geehrt. Die Larvae unterscheiden sich von den Lemuren (hier sind nicht die Tiere gemeint) vor allem darin, dass die Lemuren frisch in die Unterwelt bzw. auf die Insel der Freuden herabgestiegene Seelen sind. Die Trankopfer für sie zielte eher auf gezeigte Dankbarkeit ab. Generell sind Trankopfer als solche schon seit der Jungsteinzeit nachweisbar. In der griechischen und römischen Religion war das Trankopfer aus Flüssigkeiten wie Wasser, Milch, Honig, Wein oder Öl die häufigste aller Kulthandlungen.

Freitag

09

Mai

TE: Venus ♀
(Liebe/Beauty)

Tag der griechischen Göttin Artemis:

Probiere einmal folgende kleine Küchlein aus, die schon aus dem antiken Griechenland bekannt sind und den Segen der Göttin bringen sollen. Heize den Backofen auf 175 °C vor. Vermische 1 Tasse gemahlene Mandeln mit ½ Tasse Dattelsirup, ¼ Tasse Olivenöl, 2 Esslöffel getrocknetes und fein gehacktes Artemisia-Kraut und eine Prise Salz. Gib ein Ei, das Du zuvor in einer separaten Schüssel aufgeschlagen hast, zur Mischung, verknete alles gut und forme kleine Küchlein daraus. Diese legst Du auf ein mit Backpapier ausgelegtes Backblech und lässt sie 10-12 Minuten backen.

Samstag

10

Mai

Mo>Skorpion
21:58 Uhr

TE: Saturn ♄
(Lösung/Ende)

Beginn der Eisheiligen:

Zwischen dem 11. und 15 Mai liegen die sogenannten Eisheiligen. Diese Tage werden mit kaltem Wetter und Frost im scheinbar warmen Frühling in Verbindung gebracht. Dabei beziehen sich die Tage auf den Heiligen Mamertus (11.), den Heiligen Pankratius (12.), den Heiligen Servatius (13.), den Heiligen Bonifatius (14.) und die Heilige Sophie (15.). Dem Volksmund nach wird das milde Wetter erst stabil, wenn die „kalte Sophie" vorübergezogen ist. Angeblich wird der eigene Garten vor Frösten geschützt, wenn kleine Bildchen der Eisheiligen an der Eingangspforte vergraben wurden.

Sonntag

11

Mai

TE: Sonne ☉
(Mann/Energie)

Notizen

Montag **12** Mai TE: Mond ☽ (Intuition/Frau)	**KW 20** **Vollmond in Skorpion um 18:55 Uhr:** Hast Du auf ein himmlisches Zeichen für eine tiefgreifende Veränderung gewartet? Dann ist der heutige Vollmond Dein Startschuss! Die sogenannte Stier-Skorpion-Achse, die Mond und Sonne heute bilden, gilt als Verbindung zwischen Sichtbarem und Unsichtbarem. Materie und Geist stehen sich gegenüber und in der Reibung des Konfliktes entsteht für Dich genau die Energie, die Du brauchst, um Dich vollkommen für das Neue zu entscheiden.
Dienstag **13** Mai Mo>Schütze 10:34 Uhr TE: Mars ♂ (Mut/Stärke)	**Tag der römischen Göttin Maia:** Nach ihr ist der Monat Mai benannt. Sie wird oft mit den Themen der Erneuerung assoziiert. Heute passt daher ein Ritual, das Deine Entscheidung vom Montag unterstützt. Nimm einen großen, mit Erde gefüllten Topf zur Hand und errichte drumherum einen Altar, den Du vor allem in grünen Farben dekorierst. Schreibe Deinen Neuanfangs- bzw. Veränderungswunsch auf einen Zettel und vergrabe ihn im Blumentopf. Streue 3 Sonnenblumen-Samen darauf, gieße ein bisschen und bedecke die Samen mit Erde. Bitte Maia um Unterstützung und lass Deinen Wunsch ebenso wachsen, wie die Sonnenblumen wachsen werden, die Du entweder in den Garten oder auch auf den Balkon stellen kannst.
Mittwoch **14** Mai TE: Merkur ☿ (Dialog/Handel)	**Tag der römischen Göttin Pomona:** Sie ist die Göttin der Obstbäume, der Gärten und der Ernte und wird vor allem bei Wünschen um Fülle und Wohlstand um Hilfe gebeten. Damit steht sie in einer Reihe mit vielen verschiedenen Fruchtbarkeitsgöttinnen. Such Dir für Dein Ritual einfach die aus, bei der Du am meisten Resonanz verspürst. Du bist Dir nicht sicher, welcher Gott oder welche Göttin gerade mit Dir arbeiten möchte? Dann kannst Du z. B. die Lenormandkarten befragen und um Informationen bitten. Ziehe 5 Karten und gleiche die verschiedenen Hinweise mit den Dir bekannten und auch unbekannten Göttern und Göttinnen ab.
Donnerstag **15** Mai Mo>Steinbock 21:57 Uhr TE: Jupiter ♃ (Geld/Job)	**Tag der römischen Göttin Dea Dia:** Ihre Priester, die Fratres Arvales, waren dafür verantwortlich, dass die Göttin eine gute Ernte sicherstellte. Dabei ging es nicht um die Aussaat oder die Ernte als solche, sondern um den Schutz der Frucht während des Wachstums. Zünde heute eine schwarze Kerze an, um auch Dein Vorhaben während der Durchführung zu beschützen. Visualisiere, wie Du selbst sicherstellen kannst, dass sich Dein Wunsch erfüllt.

Hinduistisches Sita Navami:

An diesem Tag wird der Geburtstag der Göttin Sita gefeiert, die für Wachstum, Weiblichkeit und Fruchtbarkeit zuständig ist. Errichte einen Altar für Sita und lege Symbole darauf, die ihre Energie repräsentieren, wie z. B. eine Lotusblüte. Sie soll Dich daran erinnern, dass der Lotus durch den Schlamm und oft trübes Wasser wachsen muss, bis er ans Licht kommt und dort seine wunderschöne Blüte entfalten kann. Sita spendet Trost und hilft, wenn Du das Gefühl hast, in Deinem Leben gerade kein Licht zu sehen.

Freitag
16
Mai

TE: Venus ♀
(Liebe/Beauty)

Tag der ägyptischen Göttin Sachmet:

Oft wird sie als blutrünstige Kriegsgöttin dargestellt und damit gehen viele ihrer Anteile verloren. Sachmet ist auch eine mächtige Unterstützerin in Konflikten oder wann immer Du Dich unterlegen fühlst. Dabei hilft sie vor allem Frauen dabei, ihre wahre innere Stärke zu erkennen, zu fühlen und nach außen sichtbar zu machen. Möchtest Du Dich Deinem Umfeld stärker und mutiger zeigen? Dann zünde heute eine rote Kerze an, die in einem goldfarbenen Kerzenhalter stehen sollte. Sprich Sachmet mit direkten, klaren und höflichen Worten an und formuliere Deinen Wunsch so konkret wie möglich.

Samstag
17
Mai

TE: Saturn ♄
(Lösung/Ende)

Tag der griechischen Göttin Chloris:

Sie ist die Gebieterin des Frühlingswindes, der nicht nur sanft wehen kann. Wende Dich an sie, wenn Du selbst stark werden möchtest, um die Stürme im Leben zu überstehen. Chloris wird Dich unterstützen. Gegen zu starken Wind soll man einer alten Überlieferung nach etwas Mehl als Opfer in eine Böe werfen, um den Wind zu besänftigen. Meine Großmutter, sie kommt von der Ostseeküste, war übrigens bis zu ihrem Tode davon überzeugt, dass gegen einen sehr starken Sturm nur helfe, wenn man seinen nackten Hintern in den Gegenwind hielte.

Sonntag
18
Mai

Mo>Wassermann
07:29 Uhr

TE: Sonne ☉
(Mann/Energie)

Notizen

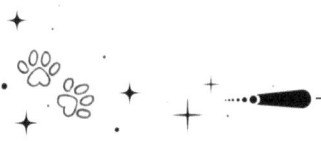

Montag **19** Mai TE: Mond ☽ (Intuition/Frau)	**KW 21** **Tag der römischen Göttin Bona Dea:** Sie ist die sogenannte „gute Göttin", deren mehr oder weniger geheimer Kult, der nur Frauen vorbehalten war, sich bis in die Neuzeit hielt. Errichte heute einen Altar, den Du mit allerlei Heilkräutern schmücken kannst, an einem geheimen, versteckten Platz und bitte Bona Dea um Schutz und Heilung.
Dienstag **20** Mai Mo>Fische 14:28 Uhr TE: Mars ♂ (Mut/Stärke)	**Sonne in Zwillinge um 20:54 Uhr:** Die Energie verändert sich vom standfesten, erdgebundenen Stier in eine völlig andere. Der Zwilling steht für luftige, kreative Energien, die zuweilen etwas kopflos wirken können. Wie könntest Du in Deinem Leben für Leichtigkeit sorgen? Plane genügend Pausen in Deinen Alltag ein, in denen Du einfach mal gar nichts tust. Nicht lesen, nicht am Handy sein – einfach nichts. Es ist völlig in Ordnung, wenn Du zunächst mit 1-2 Minuten Dauer beginnst und Dich im Laufe der nächsten 4 Wochen allmählich steigerst.
Mittwoch **21** Mai TE: Merkur ☿ (Dialog/Handel)	**Tag der germanischen Göttin Jarnsaxa:** Sie zählt genaugenommen nicht zum Göttergeschlecht der Asen, sondern ist als Jotunn eine Riesin. Dennoch wurden ihre Macht und wilde Stärke oft angerufen, wenn Frauen mehr Mut und Durchsetzungskraft brauchten. Achte darauf, ihren Altar entsprechend zu dekorieren – z. B. mit Messern, Schwertern, Eisenobjekten und schwarzen Kerzen.
Donnerstag **22** Mai Mo>Widder 18:25 Uhr TE: Jupiter ♃ (Geld/Job)	**Tag der griechischen Göttin Hestia:** Sie ist die Göttin des Herdfeuers und der häuslichen Gemeinschaft. Nutze den Tag für eine gründliche energetische Reinigung Deines Zuhauses. Wenn Du nicht gern räucherst, probiere Folgendes aus: Befülle Deinen Putzeimer wie üblich und gib dann einen Teelöffel Salz und je eine Tasse Lavendel- und Rosmarinaufguss dazu. Putze damit Deine Wohnung oder Dein Haus und stell Dir vor, wie Du neben dem Staub auch Streitigkeiten und Kummer wegwischst.

Tag der finnischen Göttin Mielikki:

Sie ist die Göttin des Waldes und der Jagd. Ihr Ehemann ist Tapio, der Gott des Waldes. Ich möchte Dich einladen, die beiden zu ehren, indem Du dem Wald in Deiner Nähe etwas Gutes tust. Geh spazieren, nimm einen Müllsack mit und sammle auf, was unachtsame Menschen im Wald hinterlassen haben. Nimm Dir Zeit, um Dich auf die Energie des Ortes einzulassen, Dich mit den Bäumen zu verbinden und der Weisheit, die das Blätterrauschen erzählt, zu lauschen.

Freitag
23
Mai

TE: Venus ♀
(Liebe/Beauty)

Tag des griechischen Gottes Hermes:

Er ist der Gott der Magie, Gelehrsamkeit, Medizin und okkulten Weisheit und wurde in Ägypten mit dem Gott Thot und bei den Römern mit Merkur gleichgesetzt. Er ist jedoch auch der Schützer auf Reisen, beim Handel und in der Kommunikation. Du kannst ein Bild von ihm im Handschuhfach Deines Autos oder auch in Deiner Handtasche aufbewahren, um auf allen Wegen geschützt zu sein.

Samstag
24
Mai

Mo>Stier
19:37 Uhr

TE: Saturn ♄
(Lösung/Ende)

Saturn in Widder um 05:35 Uhr:

Die Widderenergie treibt Dich nach vorne. Möglicherweise überrascht Dich die Rücksichtslosigkeit, die manchmal an den Tag kommt – sowohl bei Dir als auch bei anderen. Achte in den nächsten Wochen gut darauf, ob Deine Widerspenstigkeit wirklich Vorteile bringt. Mit Druck nach vorne – im Fußball heißt das Pressing – ist nicht immer die klügste Strategie.

Sonntag
25
Mai

TE: Sonne ☉
(Mann/Energie)

Notizen

Montag

26
Mai

Mo>Zwillinge
19:21 Uhr

TE: Mond ☽
(Intuition/Frau)

KW 22

Tag der römischen Göttin Aurora:

Sie ist die personifizierte Morgenröte und damit die Hoffnung, die uns mit strahlender Energie und Optimismus segnet. Unternimm heute einen kleinen Spaziergang noch vor Sonnenaufgang (in Berlin um 04.54 Uhr) und nimm die Erkenntnis in Dir auf, dass die dunkelste Stunde der Nacht immer die vor dem Morgengrauen ist. Immer dann, wenn Du denkst, dass Du im Leben nicht mehr weiterkannst oder kommst, kommt das Licht zurück. Aurora verspricht genau das.

Dienstag

27
Mai

TE: Mars ♂
(Mut/Stärke)

Neumond in Zwillinge um 05:02 Uhr:

Da der Zwilling in der Lehre der Archetypen für die Schöpferin oder auch Muse steht, folgt die kommende Zeit einer kreativen und schaffenden Kraft. Bedenke: Schöpfung ist nur in einem Zustand der Inspiration und Spiritualität möglich. Nur, wenn Du ganz mit Deinem Selbst verbunden bist, kannst Du Dein persönliches Werk erschaffen – ganz gleich, ob es sich um einen Bericht im Büro oder um einen gebackenen Kuchen zum Geburtstag Deines Kindes handelt.

Mittwoch

28
Mai

Mo>Krebs
19:32 Uhr

TE: Merkur ☿
(Dialog/Handel)

Tag der römischen Göttin Fortuna:

Sie ist die Göttin des Glücks und der Fülle. Du kannst sie um ihre Gunst bitten, damit Du die Möglichkeiten und Chancen erkennst, die sich Dir eröffnen. Dafür kannst Du heute ein Amulett herstellen und der Fortuna weihen. Nimm Dir dafür einen schönen Heilstein. Besonders gut eignet sich der Apatit oder auch ein Serpentin. Umwickle ihn mit etwas Basteldraht und füge, wenn Du magst, noch kleine Perlen bei. Du kannst ihn ganz nach Deinem Wunsch gestalten und dann als Kette oder auch in der Tasche bei Dir tragen.

Donnerstag

29
Mai

TE: Jupiter ♃
(Geld/Job)

Christi Himmelfahrt (bundesweiter Feiertag):

Seit vielen Jahrhunderten waren am Himmelfahrtstag sogenannte Flurumgänge und -umritte üblich. Z. B. einerseits in einem germanischen Rechtsbrauch, wonach jeder Grundeigentümer einmal im Jahr seinen Besitz umschreiten musste, um den Besitzanspruch aufrechtzuerhalten. Andererseits wurde mit solchen Wanderungen auch der Gang der elf Jünger zum Ölberg, der in der Bibel beschrieben wird, imitiert. Doch schon im Mittelalter hatten diese Gänge ihren religiösen Sinn verloren und waren zu Männer-Touren verkommen, bei denen der Alkohol eine größere Rolle spielte als das Weihwasser.

Tag der germanischen Göttin Frigg:

Sie ist vor allem als Göttin der Ehe und des Heims bekannt. Dem Mythos nach spinnt sie jedoch auch den Schicksalsfaden eines jeden Menschen. Darum wird sie oft mit einer Spindel dargestellt. Wenn Du Kontakt mit Frigg aufnehmen möchtest, kannst Du die ihr zugeordnete Rune Berkana (B) in einen Birkenzweig ritzen und diesen als Zauber- und Energiestab benutzen.

ᛒ

Freitag

30

Mai

Mo>Löwe
22:16 Uhr

TE: Venus ♀
(Liebe/Beauty)

Tag der germanischen Göttin Hyndla:

Genaugenommen ist sie laut germanischer Mythologie eine Riesin, doch die Grenzen zur Göttin sind fließend. Hyndla besitzt enormes Wissen, vor allem in Bezug auf die Vorfahren der Wesen. Wie steht es um Dein Wissen über Deine Vorfahren? Wo haben sie gelebt? Wie war ihre Geschichte? Heute ist ein sehr guter Tag, um auf Forschungsreise zu gehen. Entweder durch Internetrecherche, einen Museumsbesuch oder ganz direkt durch einen Jenseitskontakt.

Samstag

31

Mai

TE: Saturn ♄
(Lösung/Ende)

Tag der römischen Göttin Carna:

Sie ist die Göttin der Vitalität und Gesundheit. Ihr heilig war der Sellerie, der im Antiken Rom vor allem als Heilmittel eingesetzt wurde. Für einen Einschlafzauber, der die tiefe, gesundheitsfördernde Regeneration begünstigen soll, füllt man ein Kissen mit Selleriesamen. Ich empfehle, ein kleines Kissen extra dafür zu nähen oder einen sehr kleinen Bezug zu kaufen. Du kannst die Selleriesamen auch mit Lavendelblüten mischen, um die Wirkung zu verstärken.

Sonntag

01

Juni

TE: Sonne ☉
(Mann/Energie)

Notizen

83

Notizen

Juni 2025

KW	Mo	Di	Mi	Do	Fr	Sa	So
22							1
23	2	3	4	5	6	7	8
24	9	10	11	12	13	14	15
25	16	17	18	19	20	21	22
26	23	24	25	26	27	28	29
27	30						

Was ist mir im Mai besonders gut gelungen?

_____

_____

_____

_____

Was möchte ich im Juni schaffen?

_____

_____

_____

_____

_____

Wie belohne ich mich, wenn ich das geschafft habe?

_____

_____

_____

_____

Wofür bin ich dankbar?

_____

_____

_____

_____

Montag **02** Juni Mo>Jungfrau 05:00 Uhr TE: Mond ☽ (Intuition/Frau)	**KW 23** **Jüdisches Schawuot:** Genau 50 Tage nach dem Pessachfest wird Schawuot gefeiert und gilt als eines der bedeutendsten jüdischen Feste, bei dem die Offenbarung der Tora am Berg Sinai und Erntedank gefeiert wird. Viele Gläubige widmen sich die ganze Nacht hindurch in der Synagoge dem Torastudium. Traditionell wird Milch getrunken und süße milchige Speisen (z. B. Käsekuchen) mit Honig gegessen, da die Tora oft mit Milch verglichen wird, die das Volk Israel wie ein unschuldiges Kind begierig trinkt.
Dienstag **03** Juni TE: Mars ♂ (Mut/Stärke)	**Tag der römischen Göttin Bellona:** Sie wird oft als Begleiterin des Kriegsgottes Mars dargestellt, doch ihre Rolle geht weit darüber hinaus. Sie verkörpert die Kriegsführung als eine Strategie, die nicht nur militärische Gewalt umfasst, sondern auch diplomatische Verhandlungen und politische Konflikte im Vorfeld zu lösen vermag. Wenn Du in einer schwierigen Situation bist und Dich durchsetzen musst, kann die Göttin Bellona Dir helfen, strategisch und klug zu denken. Das Anzünden von einer roten und einer weißen Kerze kann als eine Form der Ehrerbietung und Bitte um Unterstützung dienen.
Mittwoch **04** Juni Mo>Waage 15:38 Uhr TE: Merkur ☿ (Dialog/Handel)	**Beginn des muslimischen Hadsch:** Die Heilige Pilgerfahrt nach Mekka soll jeder Muslim, der gesundheitlich und finanziell dazu in der Lage ist, einmal im Leben unternehmen. Sie ist eine der fünf Säulen im Islam und symbolisiert neben der spirituellen Reinigung auch Hingabe und Einheit. Die Gläubigen befolgen dabei ein mehrtägiges Ritual, wobei die Umrundung der Kaaba nur ein Teil des Ablaufs ist. Ich lade Dich ein, Dich heute über den Hadsch zu informieren. Vielleicht nimmst Du sogar an einem interreligiösen Dialog oder einer Veranstaltung teil, die in diesen Tagen in Deutschland oft abgehalten werden, um die Brücken zwischen den verschiedenen Glaubensgemeinschaften zu stärken.
Donnerstag **05** Juni TE: Jupiter ♃ (Geld/Job)	**Tag der griechischen Göttin Eileithyia:** Sie ist vor allem als Göttin der Geburt bekannt, hat aber auch einen heilerischen Aspekt – vor allem für Frauen. Zünde heute eine blaue Kerze an, die Du mit Deinem Namen beschriftet und mit Eukalyptusöl gesalbt hast und wende Dich an Eileithyia (gesprochen: iliszia). Sie wird Dir eine Botschaft und Energie der Heilwerdung zukommen lassen und Dich stärken.

Tag des Heiligen Norbert:

Er gilt als einer der bedeutendsten Kirchenreformer und ist bekannt für sein Engagement um kirchliche Erneuerungen. Heute ist ein guter Tag, um die eigene spirituelle Praxis zu hinterfragen. Lebst Du Deine Spiritualität so, wie Du es eigentlich möchtest? Welche Gründe halten Dich davon ab? Was könntest Du heute noch ändern, um Deinem Ideal näherzukommen? Wenn Du magst, lege Dir heute ein Tagebuch an, in dem Du das Ziel und Deinen Fortschritt notierst. Einen sogenannten Habbit-Tracker (Gewohnheitserfasser) kannst Du kostenlos via E-Mail bei uns bekommen.

Freitag

06

Juni

TE: Venus ♀
(Liebe/Beauty)

Eid ul-Adha:

Das muslimische Opferfest ist das höchste Fest im Islam. Es beginnt jährlich am Zehnten des islamischen Monats Dhu I-Hiddscha. Gläubige Muslime ziehen sich die beste Kleidung an, die sie besitzen und gehen in die Moschee zum Gebet. Danach besucht man sich gegenseitig und isst und trinkt gemeinsam. Besonders wichtig ist es, an diesem Tag auch Bedürftige zu beschenken und mit Essen zu versorgen.

Samstag

07

Juni

Mo>Skorpion
04:22 Uhr

TE: Saturn ♄
(Lösung/Ende)

Pfingstsonntag (BB):

Die Bibel erzählt in Apg2, 14 davon, dass sich der Heilige Geist – sichtbar durch Feuerzungen – offenbart. In manchen Kirchen wird dies durch rote Blütenblätter, die aus dem Gewölbe heruntersinken, dargestellt. Pfingstfeuer, die vor allem im Süden Deutschlands noch immer üblich sind, gelten als Zeichen der Erleuchtung und als Symbol für den Heiligen Geist. Heute geschnittene Buchenzweige, die dann an Fronleichnam auf den Altar gelegt werden, sollen vor Blitzeinschlag schützen und können auch zur Wunscherfüllung genutzt werden.

Sonntag

08

Juni

TE: Sonne ☉
(Mann/Energie)

Notizen

Montag **09** Juni Mo>Schütze 16:55 Uhr TE: Mond ☽ (Intuition/Frau)	**KW 24** **Pfingstmontag (bundesweiter Feiertag)/Jupiter in Krebs** **um 23:02 Uhr:** Allerlei Bräuche ranken sich um die Pfingstfeiertage, die ursprünglich von Sonntag bis Dienstag dauerten. So sollen angeblich Möhren besonders gut gedeihen, wenn man sich am Morgen der Pfingsttage nackt auf dem Möhrenfeld wälzt. Um Gedeihen und Fruchtbarkeit ging es in früheren Zeiten auch bei dem Brauch, der sich bis heute in Ungarn und einigen anderen osteuropäischen Ländern gehalten hat: Am Pfingstmontag werden Mädchen und junge Frauen von Männern mit Wasser bespritzt. Allerdings müssen die Damen zuvor um Erlaubnis gebeten werden.
Dienstag **10** Juni TE: Mars ♂ (Mut/Stärke)	**Tag der griechischen Göttin Metis:** Sie ist die Göttin der Klugheit und des umsichtigen Abwägens. Wenn Du Unterstützung für eine Entscheidung benötigst, dann kannst Du Metis um Hilfe bitten und folgendes Orakel probieren: Reiße eine Seite der Tageszeitung in kleine Schnipsel und entzünde eine Räucherkohle-Tablette in einem geeigneten Gefäß. Gib auf die Räucherkohle eine griechische Räuchermischung oder Weihrauch. Dann leg die Schnipsel der Zeitung auf die Kohle und stell Deine Frage. Lass die Kohle ganz ausglühen. Am nächsten Tag ziehst Du drei Schnipsel und deutest aus den noch sichtbaren Buchstaben die Antwort auf Deine Frage.
Mittwoch **11** Juni TE: Merkur ☿ (Dialog/Handel)	**Vollmond in Schütze um 09:43 Uhr:** Aktuell haben Holunderblüten Hochsaison. Im Volksglauben hausen die guten Hausgeister in Holunderbüschen. Man sagt, dass man im Juni bei Sonnenuntergang die Elfenkönigin sehen kann, wenn man unter einem Holunderstrauch sitzt. Wenn Du bei Vollmond Holunderblüten kochst, soll ein daraus gekochter Tee den Kontakt zur Geistigen Welt unterstützen.
Donnerstag **12** Juni Mo>Steinbock 03:54 Uhr TE: Jupiter ♃ (Geld/Job)	**Tag des ägyptischen Gottes Horus:** Er ist einer der bekanntesten Götter der ägyptischen Mythologie und wird oft als Falke oder Mann mit Falkenkopf dargestellt. Er ist nicht nur der Gott des Himmels, sondern auch der Wächter der Pharaonen. Deinen Altar kannst Du heute unter freiem Himmel in den Farben Blau und Gold schmücken. Ideal ist es, wenn Du den Altar auf dem Boden aufbauen kannst und Dich mittig dazu legen kannst. Schaue in die Weite des Himmels und visualisiere, wie Horus über Dich wacht.

Freitag, der 13.:

In diesem Jahr ist dies der einzige Freitag, der auf einen 13. des Monats fällt. Es ist inzwischen sicher den meisten bekannt, dass die 13 in anderen Kulturen gar kein Unglück bringt. Dass bei uns viele Menschen wichtige Termine aufgrund eines mulmigen Bauchgefühls lieber auf andere Wochentage legen, hat einen christlichen Hintergrund: Der 13. Jünger war es, der Jesus verriet, welcher außerdem an einem Freitag gekreuzigt wurde. Viele Hexen sehen in der 13 eine Glückszahl, weil ein Jahr 13 Vollmonde hat.

Freitag

13
Juni

TE: Venus ♀
(Liebe/Beauty)

Tag der ägyptischen Göttin Isis:

Sie und ihr Gatte Osiris führten eine sehr glückliche Ehe, bis der neidische Bruder Seth Osiris tötete und die Teile des Leichnams über ganz Ägypten verteilte. Isis stürzte in tiefe Verzweiflung, wodurch auch das ganze Land krank wurde – der Nil trat nicht mehr über die Ufer, darum blieb die Ernte aus. Isis streifte mit ihrer Schwester Nephthys durch Ägypten, um Osiris vollständig zusammenzusetzen und mit ihren mächtigen Zaubersprüchen wieder zum Leben erwecken zu können.

Samstag

14
Juni

Mo>Wassermann
13:00 Uhr

TE: Saturn ♄
(Lösung/Ende)

Jupiter-Saturn-Quadrat um 16:36 Uhr:

Du hast das Gefühl, dass alles, was Du anpackst, aktuell auf Widerstand trifft? Keine Sorge! Das geht schnell wieder vorbei. Dieser Aspekt dauert zwar nur wenige Tage, fühlt sich aber an, als wäre man mit dem Auto von Tempo 150 voll in die Bremse gestiegen und würde nun stehen. Ohne Bremsassistent. Gönn Dir in der nächsten Woche eine kleine Entwicklungsauszeit. Bitte keine Gespräche mit Vorgesetzten, keine wichtigen Präsentationen oder Ähnliches.

Sonntag

15
Juni

TE: Sonne ☉
(Mann/Energie)

Notizen

89

Montag **16** Juni Mo>Fische 20:08 Uhr TE: Mond ☽ (Intuition/Frau)	**KW 25** **Tag des slawischen Gottes Triglaw:** Bis heute werden in seinem Namen Orakel befragt. Früher wurden die Körper von Opferpferden ans Dach gehängt. Dann bat man diese um eine Beurteilung des Schicksals. Die heute noch an Dachgiebeln befindlichen Pferdeköpfe aus Metall zeugen von dieser Tradition und können als Orakel dienen. Dazu musst Du Dich ihnen rückwärts nähern, drei tiefe Atemzüge nehmen und Deine Frage stellen. Das Geräusch, das Du als Nächstes hörst, ist als Antwort zu deuten.
Dienstag **17** Juni TE: Mars ♂ (Mut/Stärke)	**Tag der ägyptischen Götter Kuk und Kauket:** Sie repräsentieren das uranfängliche Chaos und die Dunkelheit, aus denen dann die Schöpfung entstand. In ihnen liegt das gesamte, ungeformte Potenzial des Universums. Besonders in chaotischen Momenten des Lebens kann Dir ihre Kraft helfen, Deine Möglichkeiten zu erkennen. Das Dunkel nicht nur zu überwinden, sondern selbst das Licht zu erschaffen – das ist wahre Aktivität. Wo kannst Du in Deinem Leben heute Dein Chaos schöpferisch nutzen?
Mittwoch **18** Juni TE: Merkur ☿ (Dialog/Handel)	**Tag der ägyptischen Göttin Neith:** Sie ist eine der ältesten Göttinnen in der ägyptischen Mythologie und als Göttin der Weisheit, der Webkunst und als diejenige, welche die Wege öffnet bekannt. Heute passt daher ein magischer Knoten sehr gut. Nimm Dir ein schönes Band, welches so lang sein sollte, wie die Länge zwischen Deiner Ellenbeuge und Deiner Mittelfingerspitze. Binde nun einen (für Neuanfänge), zwei (für Beziehungen aller Art), drei (für Erfolg), vier (für Glück), fünf (Spiritualität), sechs (für Harmonie), sieben (für das Selbst), acht (für Durchsetzung) oder neun (für Weisheit) Knoten hinein. Trag das Band als Glücksbringer bei Dir.
Donnerstag **19** Juni Mo>Widder 01:07 Uhr TE: Jupiter ♃ (Geld/Job)	**Fronleichnam (BW, BY, HE, NW, RP, SL)** **Jupiter-Neptun Quadrat um 05:16 Uhr:** Nur, weil Du es nicht siehst, heißt das nicht, dass es nicht da ist. Unter diesem Motto stehen die nächsten Tage. Wir stochern im Nebel und werden sogar ungehalten, wenn jemand anderes etwas Greifbares in den Händen hält, während wir noch nicht mal genau wissen, wonach wir eigentlich suchen. Möglicherweise siehst Du den Wald vor lauter Bäumen nicht?

Tag der keltischen Göttin Cerridwen:

Sie ist die dreifache Mutter- und Mondgöttin, Göttin der Magie und Weisheit. Sie besitzt dem Mythos nach einen großen Kessel, in dem sie die Ur-Suppe (aus welcher Leben, Tod und Wiedergeburt hervorgeht) rührt. Der Kessel bringt aber auch auf wundersame Weise Nahrung für Körper, Geist und Seele hervor. Heute ist ein guter für Küchenmagie. Sortiere alles Defekte und jahrelang Unbenutzte aus. Räuchere das Kochgeschirr mit einer Mischung aus Weihrauch und Zimt. Wasch danach das Geschirr gründlich mit Wasser, dem Du einen Schuss Lavendeltee hinzugegeben hast, aus. Das sorgt dafür, dass Du stets Deine Töpfe füllen kannst und es beim Essen harmonisch bleibt.

Freitag

20

Juni

TE: Venus ♀
(Liebe/Beauty)

Sonne in Krebs um 04:42 Uhr
Sommersonnenwende:

Mit der kürzesten Nacht des Jahres beginnen nun Wochen, in denen die meisten Menschen sensibler reagieren, insbesondere dann, wenn es um ihre innersten Wünsche geht. Unachtsam darauf angesprochen, könnten sie brüskiert reagieren. Sei also zum einen achtsam mit Deinen Worten, zum anderen aber nicht zu streng mit Deinen Mitmenschen, wenn diese Dir mit ihren Fragen zu nahe treten. Trage einen Türkis-Stein bei Dir, der Dir dabei hilft, Deine Seele im Gleichgewicht zu halten.

Samstag

21

Juni

Mo›Stier
03:52 Uhr

TE: Saturn ♄
(Lösung/Ende)

Keltischs Alban Hefeyn:

Dies ist das Fest des Lichthöhepunktes. In aller Fülle steckt die Ahnung des Todes, denn ab jetzt nimmt das Licht wieder ab und das Jahr geht dem Ende entgegen. Mit großen Lagerfeuern wird noch heute der Sonnengott gefeiert. Wirf in jedes Sommer-Lagerfeuer, das Du besuchst, eine Handvoll getrockneter Wacholderbeeren. Einer alten Überlieferung nach soll das gute Hausgeister anlocken.

Sonntag

22

Juni

TE: Sonne ☉
(Mann/Energie)

Notizen

Montag **23** Juni Mo>Zwillinge 04:57 Uhr TE: Mond ☽ (Intuition/Frau)	**KW 26** **Tag des babylonischen Gottes Sama:** Er ist der Gott der Sonne und des Wahrsagens. Wenn Du, wie am Sonntag angesprochen, an einem Lagerfeuer sitzt, dann nutze dieses doch mal als Orakel: Ein knisterndes Feuer weist auf baldige Freude hin, während hingegen Knallgeräusche plötzlichen Besuch anzeigen. Stellst Du eine Frage, dann ist die sehr groß wachsende Flamme ein „Ja!" und die deutlich kleiner werdende Flamme ein „Nein!". Du darfst jedoch keinesfalls ins Feuer spucken, weil das Unglück bringen soll.
Dienstag **24** Juni TE: Mars ♂ (Mut/Stärke)	**Tag des Heiligen Johannes:** Johannisfeuer gehören auch heute noch zum festen Brauchtum in vielen Regionen. Aber der Johannistag birgt noch mehr magische Schätze. Alten Überlieferungen zufolge bringt es heute nicht nur Glück, etwas Neues anzufangen, sondern alles, was Du heute beginnst, wird besonders erfolgreich ausgehen.
Mittwoch **25** Juni Mo>Krebs 05:43 Uhr TE: Merkur ☿ (Dialog/Handel)	**Neumond in Krebs um 12:31 Uhr:** Nachdem die Sonne im Krebs ja bereits seit einigen Tagen für Emotion und Sensibilität sorgt, dürften sich diese Energien heute bis zum Höhepunkt steigern. Der Neumond befeuert Gefühlsausbrüche und plötzliche, emotionale Offenbarungen. Es ist kaum möglich, Gefühle vorzutäuschen oder zu verbergen. Heute ist ein guter Tag für Dates, Liebeserklärungen und sogar Hochzeiten, wenn Du Dir eine sehr emotionale Beziehung wünschst.
Donnerstag **26** Juni TE: Jupiter ♃ (Geld/Job)	**Tag der sumerischen Göttin Ishtar:** Sie ist eine uralte Himmelsgöttin, Göttin der Liebe und Fruchtbarkeit und wurde schon vor mehr als 7000 Jahren verehrt. Ihr wird seit mindestens 2500 Jahren die Myrte zugeordnet. Es gibt allerlei Liebesorakel, die sich in dieser langen Zeit etabliert haben. So kann man zum Beispiel 2 Myrtenblätter in eine Wasserschale werfen, die man zuvor mit den Namen zweier Liebenden besprochen hat. Treiben die Blätter zueinander, wird die Verbindung lange halten und sehr glücklich.

Siebenschläfertag:

Dieser Tag hat nichts mit dem Tier zu tun, sondern bezieht sich auf sieben Märtyrer, die sich im Rahmen der antiken Christenverfolgung in eine Höhle flüchteten, gefangen genommen und eingemauert wurden. Auf wundersame Weise wurden sie 195 Jahre später wohlbehalten entdeckt, bezeugten die Auferstehung von den Toten und starben wenig später.

Die Wetterregel, dass das Wetter sieben Wochen so bleibt, wie am Siebenschläfertag, ist statistisch sogar recht oft zutreffend, wenn man nicht nur den Tag als solchen, sondern die Wetterlage Ende Juni bis Anfang Juli in Betracht zieht.

Freitag

27

Juni

Mo>Löwe
08:05 Uhr

TE: Venus ♀
(Liebe/Beauty)

Tag der germanischen Walküren:

Sie sind mächtige Gestalten aus der nordischen Mythologie, die auch die Fantasie von Dichtern, Komponisten und Malern beflügelten. Die Verbindung zwischen Leben und Tod, der Mut und die Stärke, die diese weiblichen Wesen symbolisieren, sind auch spirituell spannend. Du kannst die Walküren heute zum Beispiel mit einem Runenorakel nach Deinem Schicksal befragen. Da die Walküren Dein Schicksal zwar sehen und verraten, aber nicht verändern können, bist Du selbst gefragt, das Glück in Deine Hände zu nehmen!

Samstag

28

Juni

TE: Saturn ♄
(Lösung/Ende)

Tag der Heiligen Peter und Paul:

Das Hochfest der Apostel wird in einigen Regionen traditionell mit dem Petersfeuer begangen. Meist finden heute Priesterweihen und Gemeindefeste mit großen Feuern statt. Wer über das Petersfeuer springt, hat der Überlieferung nach, einen Wunsch frei. Wer nach dem Anlauf abbricht und doch nicht springt, findet in diesem Jahr niemanden mehr zum Heiraten.

Sonntag

29

Juni

Mo>Jungfrau
13:43 Uhr

TE: Sonne ☉
(Mann/Energie)

Notizen

Notizen

Juli 2025

KW	Mo	Di	Mi	Do	Fr	Sa	So
27		1	2	3	4	5	6
28	7	8	9	10	11	12	13
29	14	15	16	17	18	19	20
30	21	22	23	24	25	26	27
31	28	29	30	31			

Was ist mir im Juni besonders gut gelungen?

_____

_____

_____

_____

Was möchte ich im Juli schaffen?

_____

_____

_____

_____

_____

Wie belohne ich mich, wenn ich das geschafft habe?

_____

_____

_____

_____

Wofür bin ich dankbar?

_____

_____

_____

_____

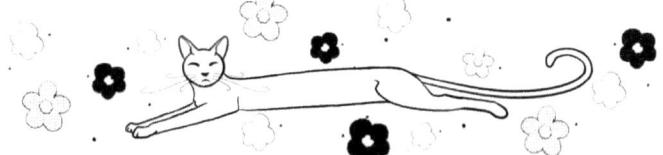

Montag **30** Juni TE: Mond ☽ (Intuition/Frau)	**KW 27** **Tag des slawischen Gottes Bannik:** Ob es sich bei ihm um einen Gott oder um einen Hausgeist handelt, ist nicht ganz klar, denn die Überlieferungen erzählen unterschiedliches. Auf jeden Fall ist der Geist des Bades und der Schützer jener, die gerade ein Bad nehmen. Laut slawischer Mythologie darf man niemals allein baden gehen, um Banniks Zorn nicht auf sich zu ziehen. Bannik kann jedoch auch zum Glücksboten werden. Denn wenn man Wodkaflaschen nach dem Leeren auf den Fußboden stellt, legt er es direkt hinein.
Dienstag **01** Juli Mo>Waage 23:16 Uhr TE: Mars ♂ (Mut/Stärke)	**Tag des Heiligen Aaron:** Er war – so erzählt es die Bibel im 2. Buch Mose, 17,6 – der Bruder von Moses und als erster Hohepriester der Begründer des christlichen Priestertums. Weil beide Brüder bezweifelten, dass Gott dem dürstenden Volk Wasser geben werde, und Mose deshalb mit seinem Stab gegen den Felsen schlug, anstatt allein dem Wort zu vertrauen, durften beide nicht in das gelobte Land ziehen. Wenn Du selbst oft von Zweifeln geplagt wirst, solltest Du einen Achat bei Dir tragen. Dieser Stein hilft Dir, Dir selbst zu vertrauen und inneren Frieden zu finden.
Mittwoch **02** Juli TE: Merkur ☿ (Dialog/Handel)	**Tag des griechischen Gottes Phaeton:** Er ist der Leuchtende, der wie ein helles Strahlen alles Dunkle überwindet. Stell Dir vor, es gäbe einen Leuchtturm in Deinem Leben. Etwas, das Dir immer die Richtung weist, auch wenn Du im stürmischen Meer der Emotionen hin und her geworfen wirst. Du kannst diesen Leuchtturm in Deinem Herzen, in einer Religion oder auch in einem Glücksbringer finden. Hier eignet sich ein Peridot-Stein sehr gut. Er löst Sorgen und beruhigt. Halte ihn in den Händen, wenn Du Dich unruhig fühlst.
Donnerstag **03** Juli TE: Jupiter ♃ (Geld/Job)	**Tag der germanischen Göttin Sif:** Sie ist bekannt für ihre langen goldenen Haare, die – so erzählt es das Mythenbuch Edda – so golden strahlen, wie die Weizenfelder in der Sonne. Sie ist die Frau vom Donnergott Thor und wird oft für eine gute Ernte oder Fruchtbarkeit im Allgemeinen angerufen. Für fruchtbare Zeiten in Deinem Portemonnaie solltest Du heute 3 Weizenkörner hineinlegen. Und hänge ein kleines Weizenstrohbündel ins Haus, sodass Dir niemals das Geld ausgehen möge.

Neptun rückläufig in Widder um 23:33:

Bis zum 10. Dezember trübt der rückläufige Neptun unseren Blick. Vielleicht hast Du das Gefühl, dass Deine Gedanken völlig vernebelt sind? Entscheidungen werden momentan eher kopflos getroffen und auch Deine Intuition ist aktuell wie abgeschaltet. Es braucht in dieser Zeit mehr Struktur als sonst, alle Vorhaben brauchen deutlich mehr Vorlaufzeit und Planung. Richte Dich darauf ein, um nicht unter Druck zu geraten.

Freitag
04
Juli

Mo›Skorpion
11:32 Uhr

TE: Venus ♀
(Liebe/Beauty)

Aschura:

So wird der zehnte Tag des muslimischen Monats Muharram genannt und beendet die 12-tägige Fastenzeit der Aleviten. Dazu wird oft Asure gegessen, eine traditionelle Süßspeise, die schon auf den biblischen Noah (der aus im Koran eine wichtige Rolle spielt) zurückgehen soll. Dieses Dessert besteht aus Bohnen, Kichererbsen, Weizen, Reis, Wasser, Rosinen, Walnüssen, Granatapfelkernen und Puderzucker und wird heutzutage reichhaltig mit getrockneten Früchten wie Aprikosen, Feigen und Datteln gekocht.

Samstag
05
Juli

TE: Saturn ♄
(Lösung/Ende)

Tag der griechischen Göttin Peitho:

Sie ist die Göttin der Rhetorik, der Überzeugung und der Kommunikation. Ob als Tochter oder Gefährtin der Aphrodite: Peitho hatte ursprünglich die Aufgabe, die Überzeugungskraft in den Worten der Liebenden zu fördern. Damit war sie im antiken Griechenland die Göttin der unglücklich Verliebten. Zeigte eine begehrte Person wenig Interesse, so wurde Peitho angerufen in der Hoffnung, dass das Liebeswerben dann erhört werde. Das funktioniert auch heute noch – zünde unterstützend eine rosafarbene Kerze an.

Sonntag
06
Juli

TE: Sonne ☉
(Mann/Energie)

Notizen

Montag **07** Juli Mo>Schütze 00:06 Uhr TE: Mond ☽ (Intuition/Frau)	**KW 28** **Uranus in Zwillinge um 09:47 Uhr:** Da Uranus etwa 7 Jahre benötigt, um ein Zeichen zu durchlaufen, sprechen wir auch von einem Generationenplaneten. Er zeigt uns an, wie wir nach Freiheit streben und uns zu behaupten versuchen. Als Uranus das letzte Mal in den Zwillingen war (1941-1949), kam das Radio als Massenmedium in Umlauf. (Vermeintliche) Freiheit durch Information und Kommunikation – und in der Rückläufigkeit die Einschränkungen dieser Freiheit – wird vorangetrieben.
Dienstag **08** Juli TE: Mars ♂ (Mut/Stärke)	**Tag der römischen Göttin Victoria:** Sie ist die Göttin des Sieges, des Triumphs und Erfolges. Wie ihre griechische Entsprechung Nike, wird auch Victoria mit Flügeln dargestellt, die auf ihre Schnelligkeit und Fähigkeit, den Sieg zu überbringen, hinweisen. Wenn Du einen Sieg erringen möchtest – ganz gleich, ob im Sport oder einem anderen Wettbewerb oder auch gegen einen beruflichen Konkurrenten – errichte einen Altar mit weißen und goldfarbenen Kerzen und entzünde sie mit einer Anrufung an Victoria. Während die Kerzen abbrennen, kannst Du aus dünnem Draht und einigen Lorbeerblättern aus der Küche und weißen und goldfarbenen Perlen einen Lorbeerkranz basteln und ihn der Göttin als Dank weihen.
Mittwoch **09** Juli Mo>Steinbock 10:54 Uhr TE: Merkur ☿ (Dialog/Handel)	**Tag der Inuit-Göttin Sedna:** Die Ureinwohner des nördlichen Polarkreises kennen Sedna als die große Alte der Meere, die Königin der Tiefe und der Stürme und die Mutter aller Meeresgeschöpfe. Sie lehrt Respekt und fordert ihn in den Mythen immer wieder ein. Gebete an sie sollten daher immer mit Bedacht gesprochen werden und niemals Forderungen enthalten. Ehrst Du sie aufrichtig, beschenkt sie Dich reich.
Donnerstag **10** Juli TE: Jupiter ♃ (Geld/Job)	**Vollmond in Steinbock um 22:36 Uhr:** Heute geht es ganz besonders um Pflichten und Verpflichtungen. Wie schätzt Du Dich selbst ein? Siehst Du Dich als disziplinierten und gewissenhaften Menschen? Oder ist da noch Entwicklungsspielraum? Bist Du doch eher verbissen? Lässt Du Dich verpflichten oder wählst Du Deine Aufgaben selbst? Nimm Dir heute Zeit für ein Loslass-Ritual. Zünde eine schwarze Kerze an und löse Dich von Verpflichtungen, denen Du eigentlich gar nicht nachkommen möchtest, Dich aber bisher nicht getraut hast, das anzusprechen.

Tag der römischen Göttin Juventas:

Sie ist die Göttin der Jungen. Sobald die Knaben des antiken Roms ins Teenageralter kamen, opferten sie der Göttin in deren Tempel ein Geldstück. Juventas schützt Kinder, besonders Jungs, beim Aufwachsen und hilft, dass sie fröhlich und zugleich mutig groß werden. Du kannst Juventas bitten, Deine Söhne oder Enkelsöhne zu unterstützen. Fülle einen Glas- oder Tonkrug mit Wasser, gib ein Geldstück und einen Esslöffel getrocknetes Weihrauchharz hinein. Unter den Krug legst Du ein Foto des Jungen. Lass den Krug unbedingt stehen, bis das Wasser ganz verdunstet ist.

Freitag

11

Juli

Mo>Wassermann
19:21 Uhr

TE: Venus ♀
(Liebe/Beauty)

Tag des slawischen Gottes Prowe:

Er ist der Gott der Gerechtigkeit und ihm ist der Bärlapp heilig. Einer alten Überlieferung nach soll es bei Gerichtsprozessen Glück bringen, ein Stück Bärlapp dabei zu haben. Bärlappsporen waren europäischen Schamanen schon früh bekannt und als Zaubermittel beliebt, weil sie eine Stichflamme erzeugen, wenn man sie ins Feuer wirft.

Saturn rückläufig in Widder um 06:07 Uhr:

Bis zum 28. November dieses Jahres tauchen nun längst vergangene Aufgaben und Themen wieder in Deinem Leben auf. Auch Ex-Partner könnten sich melden. Saturn lässt all das, was noch nicht ausreichend bewältigt wurde, noch einmal aufleben.

Notizen

Montag # 14 Juli Mo>Fische 01:44 Uhr TE: Mond ☽ (Intuition/Frau)	**KW 29** **Tag des aztekischen Gottes Altaua:** Er ist der Gott des Wassers, weshalb heute natürlich ein Ritual für dieses Element besonders gut passt. Fülle eine kleine Schüssel mit Wasser und füge einen Teelöffel Salz hinzu. Wasche Deine Hände darin und lass dabei das Wasser über Deine Handflächen fließen. Konzentriere Dich darauf, die Anspannung und den Stress Deines Alltags loszulassen. Anschließend lässt Du das Wasserschälchen am besten über Nacht am westlichsten Punkt Deiner Wohnung stehen.
Dienstag # 15 Juli TE: Mars ♂ (Mut/Stärke)	**Katholischer Zwölfbotentag:** An diesem Tag sollen, so erzählt die Bibel in der Apostelgeschichte, Apostel (also Gesandte, die Jesus Christus noch persönlich kannten) in alle Welt geschickt worden sein, um den christlichen Glauben zu verkünden. Nutze diesen Tag doch einmal, um Dich zu besinnen, was Du in die Welt hinausschicken möchtest – und zu welchem Zweck.
Mittwoch # 16 Juli Mo>Widder 06:32 Uhr TE: Merkur ☿ (Dialog/Handel)	**Tag der semitischen Göttin Astarte:** Sie wurde insbesondere bei den Phöniziern verehrt, ist aber auch bei modernen Hexen sehr beliebt. Wenn Du mit Astarte arbeiten, also Dich für einen längeren Zeitraum mit ihr verbinden, möchtest, dann schmücke Deinen Altar mit Spiegeln und vielen Kerzen. Außerdem passt die Farbe Blau sehr gut, als Zeichen des Himmels, denn Astarte ist auch die Himmelskönigin, die oft auch mit einer Mondsichel oder Sternenkranz (analog zur christlichen Maria) dargestellt wird.
Donnerstag # 17 Juli TE: Jupiter ♃ (Geld/Job)	**Beginn des Sternschnuppenregens Perseiden:** Zwischen dem 17. Juli und dem 24. August erhellt der wohl beliebteste Meteorstrom den nächtlichen Himmel. Mach es Dir nach Sonnenuntergang unter freiem Himmel, möglichst außerhalb von hellen Siedlungen (ich selbst habe aber die Perseiden auch schon aus Berlin beobachten können) bequem. Die Sternschnuppen werden am östlichen Nachthimmel, unterhalb des Sternenbildes Kassiopeia (auch Himmels-W genannt) zu sehen sein. Wünsch Dir was!

Merkur rückläufig Uhr in Löwe um 06:44:

Ab heute sollte noch deutlicher als ohnehin schon kommuniziert werden. Denn Missverständnisse stehen in den nächsten Wochen auf der Tagesordnung. Frag lieber einmal öfter nach, ob Du wirklich richtig verstanden hast. Besonders in Partnerschaften solltest Du auf Dein Herz hören und nicht „die Flöhe husten".

Freitag
18
Juli

Mo›Stier
09:58 Uhr

TE: Venus ♀
(Liebe/Beauty)

Tag der römischen Göttin Lucina:
Lucina, Schützerin der Geburt und Göttin des ersten Lichtes, wird oft im Gefolge von Juno erwähnt. Um jemandem in Deinem Umfeld, der ein Baby bekommt, zu unterstützen, kannst Du folgendes Ritual durchführen: Errichte einen Altar mit weißen Kerzen, einer Münze aus dem Geburtsland der Mutter und einem Schälchen Wasser. Sprich: „Lucina, Göttin des ersten Lichtes, ich rufe Dich an und bitte um Segen für Mutter und Kind in dieser heiligen Stunde der Geburt." Lege die Münze in die Wasserschale, bis das Baby geboren ist. Die Münze wird als Glücksbringer zum 18. Geburtstag geschenkt. Das Wasser wird vor der Haustür des neuen Erdenbewohners verschüttet, um Glück für die Kinderzeit anzuziehen.

Samstag
19
Juli

TE: Saturn ♄
(Lösung/Ende)

Tag der römischen Göttin Fama:
Sie ist die Hüterin des Ruhmes und der öffentlichen Anerkennung. Sie erinnert Dich daran, wie wichtig es ist, mit Wahrheit und Integrität zu sprechen, um Dein Ansehen und das, der anderen zu schützen. Du kannst folgendes Gebet sprechen: **„Fama, Göttin des Ruhmes und der Wahrheit, Dein Licht strahlt über die Welt. Führe mich, um mit Ehre und Würde zu sprechen, damit mein Ansehen rein und mein Ruf stark bleibt."**

Sonntag
20
Juli

Mo›Zwillinge
12:21 Uhr

TE: Sonne ☉
(Mann/Energie)

Notizen

Montag **21** Juli TE: Mond ☽ (Intuition/Frau)	**KW 30** **Tag der ägyptischen Göttin Tjenemit:** Als Biergöttin ist sie tief in der Geschichte verwurzelt. Das zeigt, wie wichtig dieses nahrhafte Getränk schon im Alten Ägypten war. Späteres Brauchtum in Europa besagt, dass auf einer Hochzeit Bier im Überfluss fließen solle, damit das Brautpaar später Geld im Überfluss hätte. Wenn Du heute der Göttin eine Flasche Bier opferst, bringst Du Deine Finanzen in Fluss.
Dienstag **22** Juli Mo>Krebs 14:26 Uhr TE: Mars ♂ (Mut/Stärke)	**Sonne in Löwe um 15:29 Uhr:** Die allgemeine Energie wird wieder selbstbewusster. Wir neigen dazu, auf unsere Meinung zu pochen, weil wir glauben, die einzig wahre Wahrheit zu kennen. Doch ist das so? Der Merkur ist immer noch rückläufig – ebenfalls im Löwen – und Du solltest im Hinterkopf behalten, dass das Leben nicht immer ein Wettbewerb ist. Ein Streit darüber, wer schöner, besser, klüger ist, lohnt sich meist nicht.
Mittwoch **23** Juli TE: Merkur ☿ (Dialog/Handel)	**Hundstage:** So wird traditionell eine sommerliche Hitzeperiode zwischen dem 23. Juli und dem 23. August genannt. Diese haben übrigens nichts mit dem Tier zu tun, sondern wurden nach dem Stern Sirius, der Anfang August zusammen mit der Sonne auf und untergeht und der Hauptstern im Sternbild Großer Hund ist. Schon seit dem Römischen Reich ist dieser Zeitraum so benannt. Heutzutage ist – durch Kalenderreformen und Eigenbewegung des Sternbildes – Sirius erst ab dem 30. August zu beobachten.
Donnerstag **24** Juli Mo>Löwe 17:28 Uhr TE: Jupiter ♃ (Geld/Job)	**Neumond in Löwe um 21:11 Uhr:** Möchtest Du endlich mehr Selbstbewusstsein ausstrahlen, mutiger sein und fehlt es Dir an Lebensfreude? Dann ist heute Dein Tag! Nimm Dir Zeit für ein Ritual, zünde eine gelbe Kerze an und stell einen Spiegel davor. Schau in den Spiegel und visualisiere, wie Du die Kraft der Kerze und die Energie des Löwenneumondes in Dich aufnimmst. Beobachte, wie Dein Gesicht sich im Spiegel verändert und freue Dich an Deiner neuen Stärke.

Jakobstag:

Für diesen Tag des Heiligen Jakob gibt es einige Wetterregeln. Zum Beispiel: „Jacobi klar und rein, wird's Christfest frostig sein!". Notiere Dir doch jetzt gleich hier, wie das Wetter aktuell bei Dir ist und trage Dir eine Notiz für Anfang Dezember ein. Dann kannst Du vielleicht schon vor allen anderen prognostizieren, wie das Weihnachtswetter wird.

Freitag
25
Juli

TE: Venus ♀
(Liebe/Beauty)

Tag der Heiligen Anna:

Sie ist die Mutter der Jungfrau Maria und wird in der Bibel tatsächlich namentlich nicht erwähnt. Viele christliche Kontroversen drehen sich um Maria und Anna, sowie Marias Vater, der im Protoevangelium des Jakobus Joachim genannt wird. Seit dem Mittelalter gilt Anna als Heilige, nach der viele Kirchen in der gesamten christlichen Welt benannt sind.

Samstag
26
Juli

Mo>Jungfrau
22:55 Uhr

TE: Saturn ♄
(Lösung/Ende)

Tag der slawischen Göttin Ziwiena:

Sie ist die Göttin des Getreides. Ihr zu Ehren werden Figuren aus Lehm geformt und am Rande von Getreidefeldern vergraben. Dies steht für die heilsame und sättigende Wirkung unserer Nahrung. Ziwiena beschützt auch unseren Besitz. Wenn Du eine Figur aus Lehm oder nasser Erde formen und vergraben möchtest, dann lege noch eine goldfarbene Münze dazu. Dann hast Du noch einen Wunsch frei.

Sonntag
27
Juli

TE: Sonne ☉
(Mann/Energie)

Notizen

Notizen

August 2025

KW	Mo	Di	Mi	Do	Fr	Sa	So
31					1	2	3
32	4	5	6	7	8	9	10
33	11	12	13	14	15	16	17
34	18	19	20	21	22	23	24
35	25	26	27	28	29	30	31

Was ist mir im Juli besonders gut gelungen?

_____

_____

_____

_____

Was möchte ich im August schaffen?

_____

_____

_____

_____

_____

Wie belohne ich mich, wenn ich das geschafft habe?

_____

_____

_____

_____

Wofür bin ich dankbar?

_____

_____

_____

_____

Montag **28** Juli TE: Mond ☽ (Intuition/Frau)	**KW 31** **Venus-Chiron Sextil um 18:55 Uhr:** Lange bestehende Wunden in der Liebe oder in den Finanzen können endlich heilen. Schau Dir nochmal an, was Du in diesen Bereichen in den vergangenen Monaten gelernt und erkannt hast. Zünde heute eine weiße Kerze an und bedanke Dich bei Dir selbst dafür, dass Du so tapfer durchgehalten warst.
Dienstag **29** Juli Mo>Waage 07:43 Uhr TE: Mars ♂ (Mut/Stärke)	**Tag der ungarischen Göttin Boldogasszony:** Sie ist die große Muttergöttin Ungarns, die auch reiche und große Gebieterin genannt wird. Bevor Du Dich in einem Gebet an sie wendest, solltest Du zuerst ein Glas Milch auf die Erde schütten (draußen selbstverständlich), um sie gnädig zu stimmen. Sie erfüllt Dir Deine Wünsche, die sich vor allem um Haus, Garten, Familie und Fülle drehen sollten, auch dann, wenn Du nicht aus Ungarn stammst.
Mittwoch **30** Juli TE: Merkur ☿ (Dialog/Handel)	**Chiron rückläufig in Widder um 16:41 Uhr:** Kaum sind die alten (Seelen-)Wunden geheilt (siehe Montag), fällt das Licht auf weitere (Seelen-)Verletzungen. Doch keine Sorge! Es geht jetzt in diesem Moment nicht darum, daran herumzudoktern und möglicherweise die Wunden noch zu verschlimmern. Jetzt ist die Zeit, diese wahrzunehmen und anzuerkennen.
Donnerstag **31** Juli Mo>Skorpion 19:24 Uhr TE: Jupiter ♃ (Geld/Job)	**Tag der griechischen Göttin Echo:** Sie war die Stimme der Schöpfung, bis Hera ihr, so erzählt der Mythos, die Stimme raubte. Fühlst Du Dich manchmal nicht gehört oder gar übersehen? Hast Du das Gefühl, dass Du nicht ernst genommen wirst? Zünde heute eine rote Kerze an, die Du mit Deinem Namen beschriftet hast. Nimm zwei rote Wollfäden. Während Du nun drei Knoten hineinbindest, musst Du ganz laut schreien. Schreie mit all Deiner Kraft Deine Energie in die Knoten. Jetzt hast Du einen mächtigen Glücksbringer für Situationen, in denen Du gehört werden willst.

Tag der assyrischen Göttin Mylitta:

Sie ist die Göttin der Frauen und ihr heiliges Tier ist die Taube. Neben all den mächtigen Tieren wie Wolf, Bär und Löwe erscheint es erstaunlich, dass auch die Taube ein sehr spirituelles Krafttier ist. Begegnet Dir die Taube, weist sie Dich darauf hin, dass Du Dich auf Harmonie konzentrieren darfst und Du aufhören solltest, Dich auf Hindernisse zu fokussieren.

Freitag

01

August

TE: Venus ♀
(Liebe/Beauty)

Keltisches Lughnasadh:

Das Fest des Gottes Lugh wird auch Lammas genannt und markiert als das erste von drei Erntefesten den Beginn der Erntezeit. Lugh ist der Gott des Lichtes und der Handwerkskunst. Es ist die richtige Zeit, einen Altar herzurichten, der bis zum Halloween- bzw. Samhainfest stehen bleiben kann und auf dem Du symbolisch all Deine erreichten Ziele sammelst.

Samstag

02

August

TE: Saturn ♄
(Lösung/Ende)

Jüdisches Tischa beAv:

An diesem Tag endet die dreiwöchige Trauerzeit mit einem Fasten- und Trauertag, an dem der Zerstörung des Tempels von Jerusalem gedacht wird. Das Fasten und Schweigen beginnt schon am Samstagabend und dauert bis heute Abend bis die Sterne zu sehen sind (ca. eine Stunde nach Sonnenuntergang).

Sonntag

03

August

Mo›Schütze
08:00 Uhr

TE: Sonne ☉
(Mann/Energie)

Notizen

Montag **04** **August** TE: Mond ☽ (Intuition/Frau)	**KW 32** **Tag des Heiligen Justin:** Er ist der Patron der Männer. Daher kannst Du heute ein Ritual zur Stärkung der Männer in Deinem Umfeld durchführen. Salbe dazu eine orangefarbene Kerze, die Du mit dem Namen des betreffenden Mannes beschriftet hast, mit einem Sonnenöl und zünde sie an. Solltest Du einen konkreten Wunsch für ihn haben, dann kannst Du diesen auf einen Zettel schreiben und unter die Kerze legen.
Dienstag **05** **August** Mo>Steinbock 19:04 Uhr TE: Mars ♂ (Mut/Stärke)	**Tag der indischen Göttin Bagala:** Sie ist eine der zehn tantrischen Weisheitsgöttinnen, die sehr deutlich mit Vorurteilen und falschen Vorstellungen ihrer Schüler umgeht. Bagala hilft Dir, Deine Worte in der Wut zu zügeln. Beschrifte eine rote und eine schwarze Kerze mit Deinem Namen. Zünde zunächst die rote Kerze an. Wenn diese zur Hälfte abgebrannt ist, zünde zusätzlich die schwarze Kerze an und lass beide Kerzen ausbrennen.
Mittwoch **06** **August** TE: Merkur ☿ (Dialog/Handel)	**Tag der finnischen Göttin Rauni:** Sie gilt als Göttin der Fruchtbarkeit, des Getreides und des Gewitters. Der Volksmund sagt, dass ein Haselzweig, welcher der Göttin geweiht und im Fenster aufgehängt wird, gegen Blitzschlag schützt und ein Kranz aus diesen Zweigen Wünsche erfüllen kann. Auf jeden Fall ist ein Haselzweig ein idealer Zauberstab, der die Energie in einem Ritual gut leiten kann. Dazu schneidest Du, während Du ein Gebet sprichst, einen Haselzweig, der so lang ist, dass er Dir von der Ellenbeuge bis zur Spitze des Mittelfingers reicht. Lass ihn etwas trocknen, schäle die Rinde ab und schleife den Zweig. Dann kannst Du ihn nach Geschmack noch mit Bändern, Steinen, Farbe etc. verzieren.
Donnerstag **07** **August** TE: Jupiter ♃ (Geld/Job)	**Tag der griechischen Göttin Mnemosine:** Sie ist die Göttin der Erinnerung und Mutter der Musen. Dem Mythos nach bewahrt sie das Wissen und die Erinnerungen der Menschen. Sie inspiriert Dich dazu, Weisheit aus der Vergangenheit zu ziehen und Deine Gedanken klar zu ordnen. Wenn Du ein Buch über Dich oder Deine Familie schreiben, Ahnenforschung betreiben oder einen Ahnentopf anlegen möchtest, ist sie an Deiner Seite.

Tag der jakutischen Göttin Ayisyt:

Sie ist die Göttin des Lebens und der Fruchtbarkeit. Ayisyt spendet Leben und Wohlstand, wenn wir uns würdig und dankbar für ihre Geschenke zeigen. Spanne eine Schnur über Deinen Altar und besorge kleine Klammern. Sammle bei einem Spaziergang einige schöne Blätter und beschrifte sie jeweils mit etwas, wofür Du in Deinem Leben dankbar bist. Befestige die beschrifteten Blätter an der Schnur und hänge in den nächsten Wochen bis zum Erntedankfest im September (oder auch darüber hinaus) täglich mindestens ein neues Blatt hinzu.

Freitag

08
August

Mo>Wassermann
03:18 Uhr

TE: Venus ♀
(Liebe/Beauty)

Vollmond in Wassermann um 09:55 Uhr:

Die Wassermann-Energie, die jetzt durch den Vollmond befeuert wird, steht für Freiheit und Innovation. Gerade jetzt erkennst Du, was Du tun kannst, um Veränderungen in Deinem persönlichen, aber auch im gesellschaftlichen Kontext zu bewirken. Bitte achte darauf, Dein Umfeld nicht zu überrennen. Nachhaltig sind solche Entwicklungen nur, wenn Dein Gegenüber selbst die Erkenntnis findet, diesen Weg zu gehen.

Samstag

09
August

TE: Saturn ♄
(Lösung/Ende)

Tag der römischen Göttin Ops:

Sie wurde schon vor den Römern verehrt und die vielen Feste zu ihren Ehren werden als ungeheuer ausschweifend beschrieben. Dem Mythos nach schwinden die Kräfte ihres Gatten Saturn, würde sie sich nicht einmal im Jahr mit ihm vereinen. So steht sie auch für die weibliche Kraft und Selbstbestimmung. Sie segnet all die Frauen, die voll des Lobes für sich selbst sind. Stell Dich heute also vor einen Spiegel und lobe Dich in den höchsten Tönen.

Sonntag

10
August

Mo>Fische
08:50 Uhr

TE: Sonne ☉
(Mann/Energie)

Notizen

Montag # 11 August TE: Mond ☽ (Intuition/Frau)	**KW 33** **Merkur direktläufig in Löwe um 09:29 Uhr:** Die Zeit der Missverständnisse ist zunächst Geschichte. Jetzt bringt Merkur Klarheit und selbstbewusste Kommunikation. Du kannst Deine Gedanken formulieren und mutig aussprechen. Wenn Du das Gefühl hast, dass Deine Ideen noch nicht spruchreif sind, dann warte den Dienstag ab.
Dienstag # 12 August Mo>Widder 12:32 Uhr TE: Mars ♂ (Mut/Stärke)	**Saturn-Uranus Sextil um 05:32 Uhr:** Diese Konstellation bringt die Möglichkeit, traditionelle Ansätze mit neuen, kreativen Ideen zu verbinden und fördert stabile Veränderungen und langfristige Verbesserungen. Wenn Du Dich am Montag noch nicht sicher mit Deinen Ideen gefühlt hast, dürfte sich das heute schon deutlich sicherer anfühlen.
Mittwoch # 13 August TE: Merkur ☿ (Dialog/Handel)	**Tag des römischen Gottes Vertumnus:** Ursprünglich war er unter dem Namen Voltumna ein etruskischer Vegetationsgott, der vor allem für Veränderungen zuständig war. Auch wenn sich der Name unter den Römern änderte, blieb die Zuordnung. Möchtest Du die Veränderungsenergie der letzten Tage noch stärker stabilisieren? Dann zünde eine blaue und eine violette Kerze an, nimm einen etwa faustgroßen Stein, eine Feder und ein Blatt Papier zur Hand. Schreibe auf das Blatt Papier, wie Du Dir die Veränderungen vorstellst. Wickle dann die Feder und den Stein in das Blatt und vergrabe alles zusammen an den Wurzeln eines alten, sehr geraden Baumes.
Donnerstag # 14 August Mo>Stier 15:21 Uhr TE: Jupiter ♃ (Geld/Job)	**Tag der hinduistischen Göttin Nirriti:** Sie ist mythologisch gesehen die „Wurzel allen Übels" und wird üblicherweise nicht in Ritualen angerufen. Allerdings kannst Du Deinen Kummer mit einem Ritual zu ihr (zurück) schicken. Setze Dich an einen Fluss, bastle ein Körbchen oder eine Schale aus den Blättern des Ortes und suche dann einen schwarzen Stein. Halte den Stein in Deinen Händen und lass energetisch Deinen gesamten Kummer hineinfließen. Setze den Stein in das Körbchen und schubse es auf dem Fluss in Richtung Südwesten an (ganz gleich, in welche Himmelsrichtung die eigentliche Fließrichtung des Flusses ist). Geh davon, ohne Dich noch einmal umzublicken.

Mariä Himmelfahrt (BY, SL):

Dieser katholische Feiertag wird auch „Mariä Aufnahme in den Himmel" genannt und geht auf die Legende der Grablegung Marias zurück. Nach ihrem Tod und der Beerdigung wurde das fest verschlossene Grab von Jüngern Jesu geöffnet. Diese fanden jedoch keinen Leichnam, sondern Blüten und Kräuter im Grab vor. Noch heute ist der Brauch, an Mariä Himmelfahrt Kräuter zu sammeln und diese in der Kirche segnen zu lassen, sehr beliebt.

Freitag
15
August

TE: Venus ♀
(Liebe/Beauty)

Tag des keltischen Gottes Lenus:

Ursprünglich war er ein Heilungsgott, weshalb heute ein Ritual gut passt, mit dem Du wieder zu Kraft und Stärke findest. Lass Dir ein Bad mit Melissen- und Vanilleöl ein und entzünde eine orangefarbene Kerze. Stell Dir vor, wie die Kerzenflamme das Badewasser mit heilsamen Energien anreichert und Dich ganz auffüllt.

Samstag
16
August

Mo>Zwillinge
18:00 Uhr

TE: Saturn ♄
(Lösung/Ende)

Tag der hinduistischen Göttin Marici:

Der Name der Göttin wird auch mit „Lichtstrahl" übersetzt. Sie wird als die Glorreiche, die Ruhmvolle, die Sonne der Fröhlichkeit und des Glücks bezeichnet. All das soll sie auch den Menschen bringen, die eine Kerze entzünden. Hier sind alle möglichen Kerzen gemeint, nicht nur Ritualkerzen. Einer der Gründe, warum bei mir nahezu rund um die Uhr Kerzen brennen.

Sonntag
17
August

TE: Sonne ☉
(Mann/Energie)

Notizen

Montag **18** August Mo>Krebs 21:05 Uhr TE: Mond ☽ (Intuition/Frau)	**KW 34** **Tag der mongolischen Göttin Ot-ene:** Traditionell leben Mongolen in Jurten, viele auch heute noch. Die Jurten haben in der Mitte eine Feuerstelle, die zum Kochen und zum Beheizen dient. Dies ist genau der Platz der Göttin Ot-ene, von dem aus sie die Menschen beschützt. Daher wird auch bei jedem Mahl etwas Öl oder Wein für die Königin des Feuers geopfert, auf dass sie es noch lange und sicher brennen lässt. Auch wenn solcherlei Riten in der westlichen Welt gänzlich verschwunden sind, lade ich Dich ein, bei der Essenszubereitung einen kleinen Moment der Dankbarkeit innezuhalten.
Dienstag **19** August TE: Mars ♂ (Mut/Stärke)	**Tag des Heiligen Sebaldus:** Die Legende besagt, dass nach seinem Tod sein Leichnam von einem Ochsengespann ganz selbständig ohne Lenker zur Kapelle gebracht wurde, wo er dann beerdigt wurde. Er kann daher angerufen werden, wenn Du Dich orientierungslos fühlst. Hast Du das Gefühl, dass Du jemanden benötigst, der Dir den Weg zeigt? Leg einen Baumachat unter Dein Kopfkissen. Du wirst nachts erkennen, dass Du selbst Dein eigener Wegweiser bist und Deinen nächsten Schritt träumen.
Mittwoch **20** August TE: Merkur ☿ (Dialog/Handel)	**Tag des Propheten Samuel:** Er ist der letzte große alttestamentarische Prophet und sowohl bei Christen, Juden als auch Muslimen bekannt. Wenn Du Dich an ihn wenden möchtest, kannst Du dieses Gebet sprechen: „Prophet Samuel, Weiser der Herzen, der Du die Stimme Gottes vernommen hast, höre meine Worte und neige Dein Ohr zu mir. Ich bitte um Deine Führung und Weisheit, dass ich die Stimme Gottes in meinem Leben vernehmen kann. Lehre mich, aufmerksam zu sein und die Botschaften zu verstehen, die mir übermittelt werden und die Zeichen, die mir gezeigt werden. Hilf mir meinen Weg mit Klarheit und Mut zu gehen, genauso, wie Du es einst getan hast."
Donnerstag **21** August Mo>Löwe 01:16 Uhr TE: Jupiter ♃ (Geld/Job)	**Tag des römischen Gottes Consus:** Er ist der Gott der neuen Aussaat, denn aus den geernteten Früchten entstehen jetzt die Samen für die nächste Saat. Also werfen auch wir einen Blick auf das neue Jahr. Nimm ein Skatkartenset zur Hand. Konzentriere Dich auf Dich und die Frage, wie 2026 für Dich wird. Ziehe dann 9 Karten und sortiere sie nach Farben. Die Kartenfarbe, die Du am meisten gezogen hast, gibt Dir schon einen Einblick. Karo = gute Finanzen / Herz = glückliche Liebe / Pik = gute Gesundheit / Kreuz = Familienglück.

Sonne in Jungfrau um 22:33 Uhr:

Wenn die Sonne das Sternzeichen Jungfrau beleuchtet, dann fällt Licht auf jeden noch so kleinen Flecken Unordnung. Damit ist zum einen seelisches Chaos gemeint, aber auch das in Deinem Zuhause. Die nächsten vier Wochen sind sehr gut zum Entrümpeln geeignet, weil Du klarer siehst, was wirklich noch notwendig ist und was nicht. Wenn Du dabei etwas Majoran verräucherst, fällt Dir das Loslassen leichter, Du bist fröhlicher beim Ausräumen und Du kannst die aussortierten Dinge sogar noch verkaufen.

Freitag

22

August

TE: Venus ♀
(Liebe/Beauty)

Neumond in Jungfrau um 08:06 Uhr:

Der Neumond beflügelt die Energie des Freitags noch einmal enorm! Jeder Bereich in Deiner Wohnung symbolisiert auch einen Bereich in Deiner Seele. Während Du Deine Wohnung entrümpelst, heilst Du auch Dich. Der Eingangsbereich bzw. Flur steht für das, was Du freiwillig nach außen – und auch fremden Menschen zeigst. Das Wohnzimmer steht für das, was Du nur engen Freunden von Dir zeigen möchtest. Die Küche symbolisiert das, was Dich nährt, das Badezimmer das, was Du loslassen möchtest oder solltest.

Samstag

23

August

Mo>Jungfrau
07:24 Uhr

TE: Saturn ♄
(Lösung/Ende)

Tag des Heiligen Bartholomäus:

In der katholischen Ikonographie wird er aufgrund seines Martyriums oft mit einem Messer dargestellt, obwohl Messer bis heute mit allerlei vorchristlichen Zaubern belegt sind. So darf man ein Messer nicht ins Brot stechen, weil das Unglück bringt. Leckt ein Mann das Messer ab, wird er seiner Frau nie wieder widersprechen können. Und so, wie das Wetter ist, soll es auch im ganzen Herbst sein. Es sei denn, man schreibt mit einem Messer den Namen des Heiligen in die Luft.

Sonntag

24

August

TE: Sonne ☉
(Mann/Energie)

Notizen

Montag **25** August Mo>Waage 16:08 Uhr TE: Mond ☽ (Intuition/Frau)	**KW 35** **Tag der Hoicholen-Göttin Takotsi Nakawe:** Die mesoamerikanische Göttin der Vegetation und magischen Rituale, wird oft zerzausten blassgrünen Haaren dargestellt. Sie steht für den Wachstumsschmerz, den jeder durchleben muss, der sich weiterentwickeln möchte. Der Jadestein oder auch der Labradorit unterstützen das spirituelle Wachstum. Du kannst einen Trommelstein in der Tasche bei Dir tragen oder in der Meditation in den Händen halten.
Dienstag **26** August TE: Mars ♂ (Mut/Stärke)	**Tag der Shinto-Göttin Ishi Kori:** Sie ist die sogenannte Spiegelgöttin, weil sie dem Mythos nach einen wunderschönen Spiegel anfertigte, um die Sonnengöttin aus einer Höhle zu locken und damit das Licht in die Welt zu bringen. Ein Spiegel ist ein wunderbares Orakelwerkzeug. Besorge Dir einen kleinen Taschenspiegel oder einen Spiegel, der Dir gut gefällt. Wasche ihn gründlich mit Salzwasser ab und reinige ihn mit einer Salbeiräucherung. Nun kannst Du ihn auf Deinem Altar weihen und als Orakelspiegel und für Spiegelmagie verwenden. Unbedingt solltest Du – ebenso wie bei Kristallkugeln – dafür sorgen, dass er niemals frei herumsteht, sondern stets mit einem dunklen Tuch abgedeckt wird.
Mittwoch **27** August TE: Merkur ☿ (Dialog/Handel)	**Tag der griechischen Göttin Eustheneia:** Sie ist die Göttin des weiblichen Wohlstandes und war auch Teil des ägyptischen Götterhimmels. Bist Du eine Frau und selbstständig? Dann stell eine kleine Schale gefüllt mit grünen Steinen – z. B. Malachit, grünen Türkis, Jade oder Moosachat – auf Deinen Schreibtisch. Sobald Du Dich an den Schreibtisch setzt, visualisiere für 30 Sekunden, wie sich Geld, Verträge und Aufträge in der Schale sammeln.
Donnerstag **28** August Mo>Skorpion 03:27 Uhr TE: Jupiter ♃ (Geld/Job)	**Tag des aztekischen Gottes Paynal:** Er ist der Götterbote, der Nachrichten vom Himmel auf die Erde, und wieder zurückbringt. Möchtest Du eine Nachricht in den Himmel bringen? Dann schreibe einen Brief auf einem schönen Briefpapier und verbrenne diesen mit einem duftenden Räucherwerk. Der Rauch steigt mit Deinen Worten in den Himmel.

Uranus-Neptun Sextil um 02:14 Uhr:

Jetzt hast Du einen tiefen Blick ins „große Ganze" und viele Aha-Momente. Du hast jetzt einen ganz besonders intensiven Zugang zum kollektiven Bewusstsein und solltest daher unbedingt auf Deine Träume achten. Jetzt ist der beste Zeitpunkt, ein Traumtagebuch zu beginnen. Dies sollte unbedingt mit einem Stift direkt neben Deinem Bett liegen, sodass Du Dir sofort nach dem Aufwachen Notizen machen kannst.

Freitag

29

August

TE: Venus ♀
(Liebe/Beauty)

Tag der indischen Göttin Rohini:

Sie ist eine Frau Krishnas und ihr Name bedeutet so viel wie „die Röt-liche". Sie verhilft Krishna zu Freude, Liebe und Aktivität. Auch in der europäischen Deutung gilt die Farbe Rot als aufregend und wärmend. Es ist die Farbe des Blutes und steht damit auch für Lebensenergie und den Schutz derselben. So gibt es zum Beispiel heute noch rote Arm-bändchen, die vor dem bösen Blick schützen sollen. Zünde heute eine rote Kerze an, um Dein Blut in Wallung zu bringen und um Dich vor negativen Gedanken zu schützen.

Samstag

30

August

Mo›Schütze
16:04 Uhr

TE: Saturn ♄
(Lösung/Ende)

Tag der ägyptischen Göttin Amunet:

Sie ist die Göttin der Schlangen. Die Schlange zeigt, dass Du Dich manchmal durchs Leben schlängeln musst, um Deine Ziele erreichen zu können. Wenn es nicht genügt, den Hindernissen auszuweichen, dann darfst Du Dich ihnen auch mal stellen. Das Krafttier Schlange hilft Dir beim Nein sagen, beim Erkennen Deines Potenzials und Finden des passenden Weges. Du kannst z. B. einen Schmuckanhänger mit einer Schlange tragen, um Dich mit dieser Kraft zu verbinden.

Sonntag

31

August

TE: Sonne ☉
(Mann/Energie)

Notizen

Notizen

September 2025

KW	Mo	Di	Mi	Do	Fr	Sa	So
36	1	2	3	4	5	6	7
37	8	9	10	11	12	13	14
38	15	16	17	18	19	20	21
39	22	23	24	25	26	27	28
40	29	30					

Was ist mir im August besonders gut gelungen?

_____

_____

_____

_____

Was möchte ich im September schaffen?

_____

_____

_____

_____

_____

Wie belohne ich mich, wenn ich das geschafft habe?

_____

_____

_____

_____

_____

Wofür bin ich dankbar?

_____

_____

_____

_____

_____

Montag **01** September TE: Mond ☽ (Intuition/Frau)	**KW 36** **Saturn in Fische um 10:05 Uhr:** Wenn Saturn zurück über die kosmische Spalte in die Fische geht, ist das für uns die Chance unsere Vergangenheit anzusehen. Haben wir aus unseren Erfahrungen gelernt? Mach Dich bereit für einen neuen Zyklus, in dem Du Vergangenes abschließt, vergibst und loslässt.
Dienstag **02** September Mo>Steinbock 03:44 Uhr TE: Mars ♂ (Mut/Stärke)	**Tag der hinduistischen Göttin Padmini:** Sie ist die Göttin von Schönheit, Reinheit und Eleganz, verkörpert Harmonie und Frieden und strahlt reine, göttliche Energie aus. Wähle einen ruhigen Ort für Dein Ritual, an dem Du Dich vollkommen ungestört fühlst. Bereite eine Schale mit Wasser und ein paar Tropfen reinen ätherischen Öles (z. B. Rose) vor. Zünde eine weiße Kerze an, die unter anderem für Reinheit steht. Setz Dich vor Deinen Altar und halte die Schale in Deinen Händen. Bitte Padmini, das Wasser zu segnen, tauche Deine Finger in das duftende Wasser und sprenkle es sanft auf Dein Gesicht und Deinen Körper, während Du Dir vorstellst, wie der Segen der Göttin Dich umhüllt.
Mittwoch **03** September TE: Merkur ☿ (Dialog/Handel)	**Tag des Heiligen Gregor:** Er ist der Schutzpatron von Lehrern und Schülern und wird daher besonders dann angerufen, wenn es um die Vermittlung oder das Aneignen von Wissen geht. Ich lade Dich heute ein, ein Buch Deiner Wahl (keinen Roman) aus Deiner Bibliothek zu lesen, was schon so lange im Regal steht und für das Du in der Vergangenheit keine Zeit gefunden hast. Zünde dazu eine kleine Kerze an und bitte Gregor darum, dass er Dir hilft, das Gelesene zu verinnerlichen.
Donnerstag **04** September Mo>Wassermann 12:31 Uhr TE: Jupiter ♃ (Geld/Job)	**Tag der slawischen Göttin Laima:** Sie ist die Schöpferin der Menschen, die Personifikation des Schicksals und bestimmt über Glück und Unglück, ist aber auch in der Lage, verzweifelten Menschen zu helfen. Allerdings darfst Du für die Hilfe von Laima nicht in Deinem Unglück oder Deiner Unzufriedenheit verharren. Finde heute mit einem Orakel (z. B. Tarot) heraus, was der nächste Schritt für Dich aus der Unzufriedenheit ist.

Tag der keltischen Göttin Vereina:

Sie ist eine Quell- und Flussgöttin und noch heute Hüterin der heilenden und Fruchtbarkeit spendenden Quellen. Früher pilgerten Volk und Adel zu ihren Kultstätten und riefen sie um Schutz und Segen an. Durch ihre magische Heilkraft soll sie auch so manchen Kinderwunsch erfüllt haben. Vielleicht besuchst Du heute zum Sonnenaufgang auch eine Quelle oder einen Fluss in Deiner Nähe und bittest Vereina um Segen. Bist Du sogar vor Sonnenaufgang vor Ort, kannst Du magisches Wasser schöpfen und für spätere Rituale als Salbung für Kerzen nutzen.

Freitag
05
September

TE: Venus ♀
(Liebe/Beauty)

Uranus rückläufig in Zwillinge um 06:51 Uhr:

Der rasante technische Fortschritt, den Uranus in den Zwillingen eingeleitet hat, gerät ins Stocken und könnte seine Schattenseiten zeigen. Prüfe in den nächsten Wochen genau, welche Vernetzung und Digitalisierung für Dich wirklich nützlich ist und wie Du damit umgehen möchtest.

Samstag
06
September

Mo›Fische
17:54 Uhr

TE: Saturn ♄
(Lösung/Ende)

Vollmond in Fische um 20:08 Uhr mit Mondfinsternis:

Dieser Vollmond mit Mondfinsternis hat es in sich! Die aufgebaute Energie des Mondes fördert tiefe emotionale Einsichten. Zusammen mit der Mondfinsternis tauchen plötzlich – wie aus dem Nichts – verborgene Gefühle auf, die gesehen und angenommen werden wollen. Achte darauf, die aufwallenden Emotionen nicht zu bewerten, sondern nur wahrzunehmen. Dann hast Du die Gelegenheit, alte Wunden heilen zu lassen.

Sonntag
07
September

TE: Sonne ☉
(Mann/Energie)

Notizen

125

Montag

08

September

Mo>Widder
20:37 Uhr

TE: Mond ☽
(Intuition/Frau)

Tag des germanischen Gottes Thor:

Die Blitze, die er schickt, waren nicht so beliebt, wie der Gott selbst, sondern sehr gefürchtet. So gibt es allerlei magische Bräuche, Blitze vom eigenen Zuhause fernzuhalten. Kaiser Karl der Große ordnete an, dass jeder auf die Dächer seiner Häuser Hauswurz zu pflanzen habe, weil diese Pflanze vor Blitzschlag schützen sollte.

Dienstag

09

September

TE: Mars ♂
(Mut/Stärke)

Tag der chinesischen Göttin Chang-O:

Sie ist die Mondgöttin und steht für Schönheit, Unsterblichkeit und die Kraft des Mondes. Bei gutem Wetter dürfte der abnehmende Mond noch hell am Himmel scheinen. Nimm Dir Zeit für ein Ritual unter freiem Himmel, um Dich mit den Energien des Mondes zu verbinden und Deine Intuition zu stärken.

Mittwoch

10

September

Mo>Stier
22:03 Uhr

TE: Merkur ☿
(Dialog/Handel)

Tag der Heiligen Aelia Pulcheria:

Geboren als Tochter des Kaisers Arcadius im Jahr 399 hatte sie nach seinem Tod keine Möglichkeit, als Frau die Regentschaft zu übernehmen. Informell hatte sie jedoch aufgrund der Unmündigkeit ihres Bruders große Macht, die sie weise nutzte, indem sie nur wenige Steuern erhob und weitestgehend auf Kriege verzichtete. Sie ist der christliche Prototyp einer erfolgreichen Regentin (bzw. Unternehmerin) und kann daher besonders von Frauen angerufen werden, die sich mehr Mitspracherecht und Führungsgeschick wünschen.

Donnerstag

11

September

TE: Jupiter ♃
(Geld/Job)

Tag des römischen Gottes Sankus:

Er ist der Wächter über vertragliche Treue und Verbindlichkeit. Verträge und Versprechen haben immer auch eine spirituelle Bedeutung. Nach einer Kündigung sollten auch energetische Verbindungen gelöst werden, weil sie sonst folgende Verträge behindern können. Du könntest dafür z. B. eine Kopie des ursprünglichen Vertrages verbrennen oder zerschneiden.

Merkur-Lilith Sextil um 10:50 Uhr:

Jetzt können wir unsere innere Wahrheit, die wir schon seit längerem fühlen, auch authentisch nach außen kommunizieren. Diese Energie fördert ehrliche Gespräche, das Aufdecken von verborgenen Wahrheiten und die Integration unserer Schattenseiten in das bewusste Denken.

Freitag
12
September

Mo>Zwillinge
23:38 Uhr

TE: Venus ♀
(Liebe/Beauty)

Tag des hawaiianischen Gottes Milu:

Er ist der Gott der Unterwelt und bekannt dafür, dass er herumirrende Seelen in die jenseitige Welt begleitet. Hast Du auch das Gefühl, etwas herumzuirren, Dein Ziel aus den Augen zu verlieren? Dann trage einen Amazonit bei Dir. Dieser hilft Dir, Dein Ziel (egal ob metaphorisch oder ganz direkt) zu erreichen.

Samstag
13
September

TE: Saturn ♄
(Lösung/Ende)

Christlicher Kreuzerhöhungstag:

Der Ursprung dieses Festes liegt um das Jahr 350 herum in der Legende der Wiederauffindung des Kreuzes Christi und dem Bau der Grabeskirche. Von dort aus verbreitete sich der Brauch, Kreuzreliquien den Gläubigen zu zeigen, also sie zu erhöhen (sie hochzuhalten).

Sonntag
14
September

TE: Sonne ☉
(Mann/Energie)

Notizen

127

Montag **15** September Mo>Krebs 02:30 Uhr TE: Mond ☽ (Intuition/Frau)	**KW 38** **Tag der äthiopischen Göttin Sambatu:** Dem Mythos nach gab sie den Menschen den Zyklus aus Arbeits- und Ruhephasen. Inzwischen ist es auch wissenschaftlich erwiesen, dass alle Aktivität nur aus einem wirklichen Ruhezustand heraus geschehen kann. Nimm Dir für diese Woche einmal vor, regelmäßig im Laufe des Tages für 2-3 Minuten die Augen zu schließen und kurz zur Ruhe zu kommen. Wann und wie oft Du das machst, kannst Du natürlich an Deinen Tagesablauf anpassen.
Dienstag **16** September TE: Mars ♂ (Mut/Stärke)	**Tag des Heiligen Cornelius:** Er ist der Patron der Liebenden und es gibt allerlei Brauchtum und Rituale, um seinen Segen zu erhalten. So soll es zum Beispiel helfen, wenn man die Wurzeln vom Gänsefingerkraut fein hackt und dann einen Kreis auf eine Waldlichtung damit streut. In den Kreis sollen die Liebenden sich stellen und dicht Rücken an Rücken stehen, bis Cornelius ein Zeichen seines Segens schickt.
Mittwoch **17** September Mo>Löwe 07:19 Uhr TE: Merkur ☿ (Dialog/Handel)	**Tag der griechischen Göttin Persephone:** Der Mythos erzählt, dass Hades, der Gott der Unterwelt, in Persephone verliebt war und sie daher entführte. Auf Druck der anderen Götter musste er sie freilassen, aber weil sie in der Unterwelt drei Granatapfelkerne gegessen hatte, musste sie im Winter in die Unterwelt zurückkehren. Bist Du noch mit Deinem Ex-Partner verbunden? Salbe eine reversible Kerze (innen rot, außen schwarz) mit magischem Öl (z. B. Anna Riva Öl Break Free), ritze Deinen Namen ein, zünde die Kerze mit einem Weihrauch-Räucherstäbchen an und visualisiere, wie Du mit jedem verbrannten Zentimeter freier wirst.
Donnerstag **18** September TE: Jupiter ♃ (Geld/Job)	**Tag der Heiligen Richardis:** Sie war eine Äbtissin im 9. Jahrhundert und das ehemalige Kloster in Frankreich ist noch heute eine bedeutende Wallfahrtsstätte. Der Legende nach hat ein Bär ihr gezeigt, wo sie ihr Kloster errichten soll. Wenn Dir der Bär – in einem Traum oder als Symbol z. B. – als Krafttier begegnet, erinnert er Dich an Deine Kraft, die Du im Inneren und vielleicht im Außen trägst. Sei Dir gewahr, dass Du diese Kraft zwar kennen, aber nicht immer zeigen musst.

Tag der indischen Göttin Aditi:

Sie ist die Göttermutter und ihr Name bedeutet so viel wie grenzenlos und frei. Sie repräsentiert das Prinzip, dass alles möglich ist, wenn wir die Gedanken nicht binden. Heute ist ein schöner Tag, um die eigenen Grenzen und die des Bewusstseins zu weiten. Lege dazu einen Besen auf den Boden und steige ganz bewusst ein paar Mal darüber. Der Besen ist alten Überlieferungen nach Brücke zwischen den Welten und durch das Überschreiten weitest Du Deine eigenen Grenzen und öffnest Deinen Geist.

Freitag

19

September

Mo>Jungfrau
14:23 Uhr

TE: Venus ♀
(Liebe/Beauty)

Weltkindertag (TH):

Auch wenn der Kindertag als solcher ein vergleichsweise junger Feiertag ist, so gibt es unzählige Rituale und Traditionen, die dem Nachwuchs Glück und ein leichtes Leben bescheren sollen. So darf zum Beispiel einem Baby vor dem 1. Geburtstag kein Honig gegeben werden, weil es sonst später nicht heiraten wird. Spannenderweise ist da auch wissenschaftlich etwas dran. Nicht unbedingt an der möglicherweise folgenden Beziehungsunfähigkeit, sondern daran, dass Honig für Säuglinge tatsächlich aufgrund der möglicherweise enthaltenen Keime gefährlich sein kann.

Samstag

20

September

TE: Saturn ♄
(Lösung/Ende)

Neumond in Jungfrau um 21:54 Uhr:

So dicht dieser Neumond auch an der Tagundnachtgleiche am kommenden Montag liegt, so stark sind heute dennoch noch einmal die Jungfrauenergien. In den nächsten Wochen geht es sehr stark um Autonomie, Selbstbestimmung und Selbstverantwortung. Es wird Dir möglicherweise schwerfallen, Autoritäten anzuerkennen und Regeln von außen zu befolgen.

Sonntag

21

September

Mo>Waage
23:40 Uhr

TE: Sonne ☉
(Mann/Energie)

Notizen

Montag **22** September TE: Mond ☽ (Intuition/Frau)	**KW 39** **Sonne in Waage um 20:19 Uhr** **Tagundnachtgleiche:** Nachdem am Sonntag der Neumond noch einmal ordentlich Energie auf unseren Wunsch zur Selbstbestimmung gegeben hat, kehrt heute langsam Balance ein, die es in den nächsten Wochen zu halten gilt. Zwischen totaler Obrigkeitshörigkeit und absoluter Autonomie gibt es viele Wege, die harmonisch zu gehen sind. Es liegt an Dir, Deinen individuellen Weg zu wählen.
Dienstag **23** September TE: Mars ♂ (Mut/Stärke)	**Keltisches Alban Elfed:** Irgendwann um die Tagundnachtgleiche herum wurde dieses sogenannte Schwellenfest als Beginn der dunklen Jahreshälfte mit einem rauschenden Fest gefeiert. Da die Schleier zur jenseitigen Welt besonders dünn sind, darf natürlich ein Orakel nicht fehlen. Probiere einmal Folgendes: Schäle einen Apfel ganz vorsichtig so, dass die Schale nicht reißt. Das Stück Schale, das Du abgeschnitten hast (es ist kein Problem, wenn es nicht so lang geworden ist!), wirfst Du nun über die linke Schulter, während Du Deine Frage stellst. Aus der Art, wie die Schale gelandet ist, kannst Du Deine Antwort lesen, indem Du z. B. ein Symbol oder Buchstaben interpretierst.
Mittwoch **24** September Mo>Skorpion 11:00 Uhr TE: Merkur ☿ (Dialog/Handel)	**Tag des römischen Gottes Merkur:** Er ist unter anderem der Gott der Kommunikation. Wenn Du das Gefühl hast, dass Dir manchmal die Worte fehlen oder Du Dir mehr Schlagfertigkeit bzw. rhetorische Fähigkeiten wünschst, dann zünde heute eine blaue Kerze an und nimm einen Chalcedonstein zur Hand. Verbinde Dich mit Merkur, der sich durch die Flamme der Kerze zeigt und lass seine Energie in den Stein fließen. Trage den Stein bei Dir, wann immer Du mutig das Wort ergreifen willst oder musst, denn der Chalcedon gilt auch als Rednerstein.
Donnerstag **25** September TE: Jupiter ♃ (Geld/Job)	**Tag der Heiligen Viviana:** In einer ihrer Legenden heißt es, sie hätte eine erloschene Kerze auf wundersame Weise wieder entzündet. Alle heute entzündeten Kerzen hätten aufgrund dessen ganz wundersame Wirkungen. Zünde also schon zum Frühstück eine Kerze an und freue Dich auf die Wunder, die heute geschehen dürfen.

Tag der germanischen Göttin Fulla:

Sie ist die Schatzhüterin der Göttin Frigg, die nicht nur deren Edelsteine und kostbaren Schmuck hütet, sondern auch Geheimnisse. Rufst Du Fulla an, damit sie Dich in einem Orakel unterstützt, wird das also nicht funktionieren. Da sie aber die Kraft des neuen Tages in sich trägt, vertreibt sie Albträume, kummervolle Erinnerungen und traurige Gedanken. Sie ist voller Hoffnung und teilt diese großzügig.

Freitag
26
September

Mo›Schütze
23:37 Uhr

TE: Venus ♀
(Liebe/Beauty)

Tag des Heiligen Vinzenz:

Einer Legende nach trug er ein Gingkoblatt bei sich, welches ihm half, stets die richtigen Lösungen zu finden. Der Gingko soll auch verräuchert die Konzentration steigern und Nervosität lösen. Angeblich sollen magische Amulette aus Gingkoholz oder -rinde hergestellt, dabei helfen, sich mit dem kollektiven Ahnenwissen zu verbinden, um Weisheit aus anderen Welten zu erlangen.

Samstag
27
September

TE: Saturn ♄
(Lösung/Ende)

Tag des ägyptischen Gottes Amun:

Er ist ein sehr alter Lichtgott und sein Name bedeutet so viel wie „der Verborgene". Alte Aufzeichnungen belegen einen klar strukturierten Kult und zeigen, dass auch eine Räucherung schon ein Opfer an einen Gott war. Man räucherte Myrrhe und Weihrauch, um Amun milde zu stimmen und dafür zu sorgen, dass Re (der Sonnengott) jeden Morgen die Reise über den Himmel beginnt. Räuchere doch mal wieder! In ägyptischen Räucherungen finden sich auch immer Zutaten wie Rosinen, Honig oder Rotwein. Reiche den Weihrauch damit an, forme kleine Kügelchen, lasse diese trocknen und gib sie für ein besonderes Aroma auf glühende Kohle.

Sonntag
28
September

TE: Sonne ☉
(Mann/Energie)

Notizen

Notizen

Oktober 2025

KW	Mo	Di	Mi	Do	Fr	Sa	So
40			1	2	3	4	5
41	6	7	8	9	10	11	12
42	13	14	15	16	17	18	19
43	20	21	22	23	24	25	26
44	27	28	29	30	31		

Was ist mir im September besonders gut gelungen?

_____

_____

_____

_____

Was möchte ich im Oktober schaffen?

_____

_____

_____

_____

_____

Wie belohne ich mich, wenn ich das geschafft habe?

_____

_____

_____

_____

Wofür bin ich dankbar?

_____

_____

_____

_____

Montag **29** September Mo>Steinbock 11:54 Uhr TE: Mond ☽ (Intuition/Frau)	**KW 40** **Tag des Erzengels Michael:** Er gilt als Bezwinger des Teufels in Gestalt des Drachens, sowie als Anführer der himmlischen Heerscharen, die im Osten vor Gottes Thron stehen. Daneben spielt Michael eine wichtige Rolle im Totenkult des traditionellen Volksglaubens. Er ist es, der ein Verzeichnis der guten und schlechten Taten eines Menschen erstellt, das diesem zunächst am Tag des Sterbens, aber auch am Tage des Jüngsten Gerichts vorgelegt wird und auf dessen Basis Michael über ihn richtet.
Dienstag **30** September TE: Mars ♂ (Mut/Stärke)	**Tag des Heiligen Hieronymus:** Er ist der Patron der Gelehrten, Schüler, Studenten, Übersetzer und Lehrer. Er wird in den vielen künstlerischen Darstellungen, die seit seinem Tod vor mehr als 1600 Jahren entstanden sind, oft mit einem Löwen gezeigt. Wenn Dir der Löwe als Krafttier begegnet, dann möchte er Dir helfen, zielstrebiger und disziplinierter zu werden.
Mittwoch **01** Oktober Mo>Wassermann 21:51 Uhr TE: Merkur ☿ (Dialog/Handel)	**Tag der griechischen Göttin Aergia:** Sie ist die Göttin des Müßigganges, womit alles andere als Faulheit gemeint ist. Dem Mythos nach bewacht sie nicht nur das Reich von Hypnos – der Gott des Schlafes –, sondern achtet auch darauf, ihre Gegenspielerin Horme – die Göttin der Aktivität – in Schach zu halten. Schläfrigkeit ist ein Zeichen Deines Körpers, dass er Ruhe braucht. Aergia achtet darauf, dass Du auf Deinen Körper hörst.
Donnerstag **02** Oktober TE: Jupiter ♃ (Geld/Job)	**Jüdisches Jom Kippur:** Das sogenannte Versöhnungsfest ist der höchste Feiertag im jüdischen Kalender und gilt als strenger Ruhe- und Fastentag. Die Gottesdienste dauern fast den ganzen Tag über und zum Ende von Jom Kippur erklingen drei Schofartöne, woraufhin die Betenden nach Hause gehen, um das Fasten im Kreis der Familie zu brechen.

Tag der Deutschen Einheit (bundesweiter Feiertag)
Tag der offenen Moschee:

Auch wenn der Tag der offenen Moschee natürlich kein religiöser Feiertag im eigentlichen Sinne ist, möchte ich Dich dennoch darauf aufmerksam machen. Viele Moscheen und muslimische Vereine öffnen heute ihre Türen für Neugierige. Plane doch auch Du einen Besuch ein. Welche Moschee in Deiner Region teilnimmt und mit welchem Programm, kannst Du der Tagespresse und auch dem Internet entnehmen. Nutze diesen Tag, um großartige Menschen mit offenem Herzen kennenzulernen und all Deine Fragen zu stellen.

Freitag

03

Oktober

TE: Venus ♀
(Liebe/Beauty)

Tag der germanischen Göttin Tamfane:

Sie ist die Göttin der Zeit und des Zeitmaßes und dafür verantwortlich, dass alles ein Ende hat. Das Gute und auch das Schlechte. In Verbindung mit der heutigen Saturnenergie des Samstags ist heute ein sehr geeigneter Tag, Trennungen auszusprechen, zu kündigen oder anderweitig Dinge zu beenden. Um danach nicht in ein sprichwörtliches Loch zu fallen, soll eine Muskatnuss, die man in der Tasche trägt, helfen.

Samstag

04

Oktober

Mo›Fische
04:07 Uhr

TE: Saturn ♄
(Lösung/Ende)

Erntedank:

In den christlichen Kirchen wird heute in zumeist opulenten Gottesdiensten die Ernte gesegnet und für die Fülle gedankt. Die bunt geschmückten Altäre, die ausgelassene Stimmung und die Erntekronen sind durchaus einen Besuch wert. Vielerorts werden beim Gottesdienst in der Kirche auch kleine Gaben wie Getreidesträußchen, kleine Säckchen mit Samen, Salz oder Körner verteilt. Hängt man dieses Mitbringsel über der Haustür auf, so soll das Glück und Segen bringen.

Sonntag

05

Oktober

TE: Sonne ☉
(Mann/Energie)

Notizen

Montag **06** Oktober Mo>Widder 06:47 Uhr TE: Mond ☽ (Intuition/Frau)	**KW 41** **Tag der griechischen Göttin Kirke:** Sie ist Zauberin, Hexe und Schicksalsgöttin zugleich, die als Weberin des Schicksalsfadens an einem göttlich geschaffenen Webstuhl sitzt. Hast Du schon mal versucht, Bänder für Rituale selbst herzustellen? Ganz gleich, ob Du das Spinnen, das Weben oder Knüpfen ausprobierst: Eigens für Knotenmagie hergestellte Fäden haben ein Vielfaches an Energie eines maschinell gewirkten Bandes.
Dienstag **07** Oktober TE: Mars ♂ (Mut/Stärke)	**Vollmond in Widder um 05:47 Uhr:** Die feurige Energie, die Dich momentan möglicherweise durchfährt, ist nicht die diplomatischste. Der Vollmond führt dazu, dass Du leidenschaftlich und impulsiv voranpreschst. Diese Entschlossenheit ist sicher überwältigend. Achte aber darauf, dass Du nichts „übers Knie brichst."
Mittwoch **08** Oktober Mo>Stier 07:12 Uhr TE: Merkur ☿ (Dialog/Handel)	**Tag des keltischen Gottes Callirius:** Er ist der Gott der Bäume und des Waldes und vor allem im irischen und walisischen Britannien bekannt. Heute soll man, Überlieferungen zufolge, an einem Obstbaum schütteln, damit einem das Geld nie ausgehe. Wende Dich dabei mit Deinem Gesicht nach Süden und rüttle dreimal. Dann geh davon, ohne Dich umzusehen.
Donnerstag **09** Oktober TE: Jupiter ♃ (Geld/Job)	**Tag der ägyptischen Göttin Heket:** Sie ist die Göttin der Geburt und wird oft mit einem Froschkopf oder auch als Frosch dargestellt. In ihren Mythen bekommt die Geburt eine magische Komponente, eine erschaffende, die werdende Mutter wird selbst zu einer Schöpfergöttin. Auch der Frosch als Krafttier steht für die magische Verwandlung, die möglich ist, wenn man nur fest genug glaubt und dann auch aktiv wird.

Tag des aztekischen Gottes Xochipilli:

Er ist ein Gott der Liebe, aber auch der Ekstase. Es verwundert nicht, dass Liebe und Ekstase vom gleichen Gott repräsentiert werden, wenn man sich an den berauschenden Zustand des Verliebtseins erinnert. Aber auch im Küchenregal findet sich einiges, was die Stimmung hebt und – abseits des im Jahr 2024 in Deutschland legalisierten Cannabis – für Leichtigkeit sorgt. Die stimmungsaufhellende Wirkung von Zitrusfrüchten ist sicher bekannt, aber ebenso wirken Muskat, Safran und Zimt. Wichtig dabei: Von allen drei Gewürzen sollte immer nur eine kleine Prise verzehrt werden, weil sie eigentlich schwach giftig sind und in größeren Mengen toxisch wirken können.

Freitag
10
Oktober

Mo>Zwillinge
07:11 Uhr

TE: Venus ♀
(Liebe/Beauty)

Tag der griechischen Göttin Artemis:

Sie ist die Göttin der Jagd und der wilden Natur. Lebe heute einmal Deine wilde Seite aus. Entzünde ein anregendes Räucherwerk (z. B. mit Gewürznelke oder Guajakholz) und schalte laute Musik ein. Tanze wild, nur für Dich und die Göttin. Lass dabei alles Belastende und Eingrenzende hinter Dir, tanz Dich frei!

Samstag
11
Oktober

TE: Saturn ♄
(Lösung/Ende)

Tag des griechischen Gottes Okeanos:

Er ist ein Meeresgott und folgendes Gebet an ihn ist überliefert: „Okeanos rufe ich, den unvergänglichen Vater, Du wahrhaftig Ewiger, Ursprung der unsterblichen Götter, der Du die Erde umwogst. Höre, seliger Spender von so vielem, Herrscher der Wasser komme wohlwollend und freundlich!" Das Gebet kannst Du sprechen, wenn Du Dir Bewegung in einer festgefahrenen Situation wünschst.

Sonntag
12
Oktober

Mo>Krebs
08:37 Uhr

TE: Sonne ☉
(Mann/Energie)

Notizen

Montag # 13 Oktober TE: Mond ☽ (Intuition/Frau)	**KW 42** **Tag der hinduistischen Göttin Kali:** Sie gilt als allmächtig, absolut und all durchdringend. Sie ist jenseits von Angst und endlicher Existenz. Darauf stütze sich der Glauben, dass sie fähig ist, ihre Anhänger vor Furcht zu beschützen und ihnen endlosen Frieden zu schenken. Kali erscheint in Meditationen oft sehr groß und dunkel. Fürchte Dich nicht, sondern begegne ihr respekt- und vertrauensvoll. Dann wird sie auch Dir helfen, Seelenfrieden zu finden.
Dienstag # 14 Oktober Mo>Löwe 12:47 Uhr TE: Mars ♂ (Mut/Stärke)	**Pluto direktläufig in Wassermann um 04:52 Uhr:** Pluto ist wieder direktläufig und es bleibt spannend. Während der Wassermann für Innovation und Freiheitsliebe steht, zeigt Pluto Zwang und Macht an. Wie wirst Du diese Konstellation – die noch etwa 20 Jahre bestehen bleibt, für Dich nutzen? Ein Machtkampf um die alten Werte ist ebenso aussichtslos, wie die Illusion, dass früher alles besser war. Wo beginnt Deine persönliche Freiheit und was bist Du bereit, zu tun, um sie zu erkämpfen?
Mittwoch # 15 Oktober TE: Merkur ☿ (Dialog/Handel)	**Tag der keltischen Göttin Dana:** Sie nährt die Götter und die Menschen und gilt als personifizierte Erde. Ihr zu Ehren passt heute eine Erdmeditation: Stell die Füße auf den Boden – am besten im Garten oder im Wald – und visualisiere, dass aus Deinen Füßen Wurzeln wachsen, die tief in die Erde reichen. Hier findet ein Energieaustausch statt. Du übergibst negative Energien zur Heilung an die Erde und füllst Dich mit positiver, frischer Energie auf.
Donnerstag # 16 Oktober Mo>Jungfrau 20:05 Uhr TE: Jupiter ♃ (Geld/Job)	**Tag des Heiligen Gallus:** Er war ein irischer Mönch im 7. Jahrhundert und um ihn bzw. den heutigen Tag drehen sich außergewöhnlich viele Wetterregeln. So z. B.: „Wenn zu Gallus Regen fällt, das Nass sich bis Weihnachten hält." Oder auch: „Tritt St. Gallus trocken auf, folgt ein nasser Sommer drauf."

Tag des Heiligen Ignatius:

Er zählt zu den apostolischen Vätern, also zu den frühchristlichen Autoren, und war ein Schüler des Apostels Paulus. In den katholischen Messen wird am heutigen Tage häufig folgendes Schlussgebet gesprochen: „Gütiger Gott, das Brot des Himmels, das wir am Fest des Heiligen Ignatius empfangen haben, mache uns würdig, Christen zu heißen und gebe uns die Kraft, Christen zu sein. Darum bitten wir durch Christus unseren Herrn."

Freitag

17

Oktober

TE: Venus ♀
(Liebe/Beauty)

Tag der römischen Göttin Salacia:

Sie ist die Göttin des Salzwassers und die Gefährtin von Neptun. Salz (entweder in körniger Form oder auch im Meerwasser gelöst) ist ein weit verbreitetes Hexenutensil, weil es starke Reinigungs- und Schutzenergien in sich trägt. So kann zum Beispiel eine Prise Salz nach Reinigungsritualen auf Türschwellen oder Fensterbretter verstreut werden.

Samstag

18

Oktober

TE: Saturn ♄
(Lösung/Ende)

Tag des griechischen Gottes Plutos:

Er ist die Personifizierung des Reichtums, der materiellen Fülle und der Erdschätze. Er wird oft gleichgesetzt mit Pluton, dem Gott der tieferen Erdschichten – der Unterwelt. Es ist sehr wahrscheinlich, dass es sich hier um den gleichen Gott mit unterschiedlichen Aspekten handelt. Wie auch die Menschen unterschiedliche Seiten haben, zeigt sich dies auch bei den Göttern. Zünde heute eine gelbe Kerze an, die Du mit Deinem Namen beschriftet hast und gib all Deinen Seiten Raum. Meditiere, wie viele unterschiedliche Persönlichkeiten Du hast und heiße sie alle willkommen. Dies führt Dich zu wohltuenden Frieden.

Sonntag

19

Oktober

Mo›Waage
06:01 Uhr

TE: Sonne ☉
(Mann/Energie)

Notizen

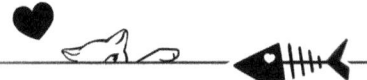

Montag **20** Oktober TE: Mond ☽ (Intuition/Frau)	**KW 43** **Merkur-Mars Konjunktion in Skorpion um 08:51 Uhr:** Diese Konstellation macht uns streitlustiger, als es sein müsste. Lass Dich nicht verunsichern, wenn von Deinen Mitmenschen plötzlich verletzende Worte auf ganz ungewohnter Tiefe gesprochen werden. Denn auch Du findest aktuell nicht die sanftesten Worte.
Dienstag **21** Oktober Mo>Skorpion 17:42 Uhr TE: Mars ♂ (Mut/Stärke)	**Neumond in Waage um 14:25 Uhr:** Bevor der Mond am späten Nachmittag in den Skorpion wechselt, kommt es zunächst in der Waage zu einem Neumond. Üblicherweise deutet man diese Konstellation mit Balance, Diplomatie und Harmonie. Doch die umliegenden Planetenstellungen wissen dies zu verhindern. Merkur-Mars (siehe Montag) lässt uns immer noch bissig kommunizieren, auf andere reagieren wir ab morgen dank dem Neptun, der in den Widder wechselt, höchst sensibel und wenn die Sonne am Donnerstag wechselt, analysieren wir noch tiefergehend und legen jedes Wort auf die Goldwaage. Keine gute Zeit für Gesellschaft.
Mittwoch **22** Oktober TE: Merkur ☿ (Dialog/Handel)	**Neptun direktläufig in Widder um 11:50 Uhr:** Wie gestern schon beschrieben, beginnt nun eine Zeit der Sensibilität. Da Neptun allerdings bis 2029 im Widder bleibt, betrifft das nicht alle Menschen gleichzeitig gleich stark. Es lohnt sich also zu schauen, in welchem Haus in Deinem Horoskop Neptun steht. Generell gilt aber: Starke Ideen und Visionen können jetzt vorangetrieben werden, aber bitte nicht fanatisch.
Donnerstag **23** Oktober TE: Jupiter ♃ (Geld/Job)	**Sonne in Skorpion um 05:50 Uhr:** Eine tiefgründige, analytische Zeit beginnt. Oberflächlichkeiten kannst Du kaum noch ertragen, obwohl Du manchmal gern in diese hinein-flüchten möchtest. Unbestechlich und ehrgeizig kannst Du in den nächsten Wochen an Deinen Zielen arbeiten.

Tag der römischen Göttin Venus:

Sie ist – wie schon auf den ersten Seiten des Hexenkalenders beschrieben, eine vielschichtige Göttin. Heute, am Tag der Venus, die neben der Jahresherrscherin heute auch die Tagesherrschaft hat, passt ein Liebesritual ganz besonders gut. Mache es Dir bei Sonnenaufgang mit einer Tasse Lindenblütentee gemütlich. Setze Dich dabei so, dass Du in die Richtung des Wohnortes Deines (Wunsch-)Partners schaust. Gibt es keinen Wunschpartner, dann setz Dich mit Blick nach Osten. Gib einen Löffel Honig in den Tee, rühre dreimal im Uhrzeigersinn um und trinke dann den Tee.

Freitag

24

Oktober

Mo>Schütze
06:18 Uhr

TE: Venus ♀
(Liebe/Beauty)

Tag des germanischen Gottes Forseti:

Er ist der Gott von Recht und Gerechtigkeit. Hast Du das Gefühl, dass Dir Unrecht widerfährt? Dann finde heute inneren Frieden und damit eine gütliche Einigung, indem Du Forseti um Hilfe bittest. Er sorgt dafür, dass sich beide Parteien aussprechen können, beide Gehör finden und es einen Kompromiss gibt, der alle Beteiligten zufriedenstellt.

Samstag

25

Oktober

TE: Saturn ♄
(Lösung/Ende)

Umstellung auf Winterzeit
Tag des Heiligen Gilbhart:

Das von ihm im 12. Jahrhundert an einem Kloster errichtete Hospital wurde wegen der Wunder, die sich dort ereignet haben sollen, schnell bekannt. Er selbst hatte die Gabe durch Handauflegen heilen zu können. Eine traditionelle Wetterregel besagt: „Warmer Gilbhart bringt fürwahr stets einen kalten Januar."

Sonntag

26

Oktober

Mo>Steinbock
17:53 Uhr

TE: Sonne ☉
(Mann/Energie)

Notizen

Montag **27** Oktober TE: Mond ☽ (Intuition/Frau)	**KW 44** **Tag der ägyptischen Göttin Astarte:** Ihr Kult war in vielen Ländern – von Griechenland bis Syrien – verbreitet. Heute ist sie eine wichtige Hexengöttin und unterstützt vor allem Anfängerinnen bei ihren ersten Schritten. Richte heute einen Altar ein. Egal, ob Du einen Tisch dafür herrichtest oder ein Fach in einem Regal freiräumst – hier entsteht Dein Kraftplatz. Dekoriere den Altar entsprechend der Jahreszeiten oder auch für Dein Ritual oder einfach nach Deinem Geschmack.
Dienstag **28** Oktober TE: Mars ♂ (Mut/Stärke)	**Tag der keltischen Göttin Morrigan:** Sie gehört wie Minerva, Astarte und Hekate zu den bekanntesten Hexengöttinnen und ist eng mit dem Apfelbaum als Baum der Unsterblichkeit verbunden. Schneidet man den Apfel quer auf, so ist ein Pentagramm sichtbar, eins der stärksten Schutzsymbole. Willst Du einen Apfel essen, dann zähle unbedingt die enthaltenen Kerne. Sind genau neun Kerne vorhanden, dann soll das für die nächsten neun Tage Glück bringen.
Mittwoch **29** Oktober Mo>Wassermann 04:55 Uhr TE: Merkur ☿ (Dialog/Handel)	**Tag der griechischen Göttin Themis:** Sie ist die Mutter der Horen, die Göttinnen, die das geregelte Leben der Menschen überwachen, und damit eine Göttin der Gerechtigkeit. Außerdem ist sie Schutzherrin des Orakels von Delphi. Man sagt, sie kennt die Zukunft und ihr Wissen ist so groß, dass es selbst das von Zeus weit übertrifft. Ihr wacher, strenger Blick soll dafür gesorgt haben, dass sich jeder in ihrer Anwesenheit sittsam verhält.
Donnerstag **30** Oktober TE: Jupiter ♃ (Geld/Job)	**Vorabend zu Halloween:** Traditionell wird auch bei den Hexen jetzt der Beginn der dunklen Jahreszeit und damit der Jahres- sprich Energiewechsel zelebriert. Jetzt ist Gelegenheit, alles alte Belastende loszulassen. Schreib alles, was Du nicht mehr in Deinem Leben möchtest, falte das Papier (immer weg von Dir) zusammen und bemale das gefaltete Blatt jetzt mit Pentagrammen. Dann verbrenne den Zettel, indem Du ihn an einer schwarzen Kerze anzündest, die dann ganz ausbrennen soll.

Reformationstag (BB, HB, HH, MV, NI, SN, ST, SH, TH)
Keltisches Samhain:

Die Erntezeit ist vorbei und die Natur beginnt zu sterben. Nimm einen kleinen Kürbis und 13 kleine Zettel zur Hand. Schreibe auf jeden Zettel einen Wunsch fürs neue Jahr und falte den Zettel mindestens einmal zu Dir hin. Schneide nun 12 kleine Schlitze in den Kürbis und mische die Zettel. Ziehe jetzt nach und nach Wunschzettel und stecke in jeden Schlitz einen Zettel. Schau nicht nach, welchen Zettel Du gezogen hast. Am Ende bleibt ein Zettel übrig. Um die Erfüllung dieses Wunsches musst Du Dich selbst kümmern. Der Kürbis wird vergraben und der geistigen Welt übergeben.

Freitag

31
Oktober

Mo>Fische
12:45 Uhr

TE: Venus ♀
(Liebe/Beauty)

Allerheiligen: (BW, BY, NW, RP, SL)

Da es im Laufe der Kirchengeschichte immer mehr Heilige gab, wurde es irgendwann unmöglich, jedem Einzelnen einen eigenen Gedenktag einzurichten. So wurde mit Allerheiligen ein Tag eingeführt, an dem aller Heiligen gedacht wird. Heute herrscht eine besonders spirituelle Energie. Nimm Dir Zeit für Gebet oder Meditation und lausche, was die geistige Welt Dir zu sagen hat.

Samstag

01
November

TE: Saturn ♄
(Lösung/Ende)

Allerseelen:

Heute wird in katholischen Gegenden aller verstorbenen Gläubigen gedacht. Man schmückt die Gräber und segnet sie mit Weihwasser. Ursprünglich war das versprizte Weihwasser dazu gedacht, die Seelen, die in der Hölle schmoren mussten, etwas zu kühlen und ihr Leiden zu lindern. Heute steht die dankbare Erinnerung im Vordergrund. In evangelischen Regionen geschieht dies meist am Totensonntag.

Sonntag

02
November

Mo>Widder
16:39 Uhr

TE: Sonne ☉
(Mann/Energie)

Notizen

Notizen

November 2025

KW	Mo	Di	Mi	Do	Fr	Sa	So
44						1	2
45	3	4	5	6	7	8	9
46	10	11	12	13	14	15	16
47	17	18	19	20	21	22	23
48	24	25	26	27	28	29	30

Was ist mir im Oktober besonders gut gelungen?

_____

_____

_____

_____

Was möchte ich im November schaffen?

_____

_____

_____

_____

_____

Wie belohne ich mich, wenn ich das geschafft habe?

_____

_____

_____

_____

Wofür bin ich dankbar?

_____

_____

_____

_____

Montag **03** November TE: Mond ☽ (Intuition/Frau)	**KW 45** **Tag des Heiligen Hubertus:** Hier ist Hubertus von Lüttich gemeint, der Schutzpatron der Jagd. Eine alte Wetterregel besagt: „Bringt Hubertus Schnee und Eis, bleibt es im November weiß." Wie wird das Novemberwetter in Deiner Region?
Dienstag **04** November Mo>Stier 17:15 Uhr TE: Mars ♂ (Mut/Stärke)	**Tag des griechischen Gottes Momos:** Er ist die Personifikation des Tadels und seine scharfzüngige Kritik macht auch vor den Göttern nicht halt. Er hilft einerseits, Kritik unverblümt vorzutragen und provokant zu sticheln, andererseits hilft er auch, das „Einstecken" zu lernen.
Mittwoch **05** November TE: Merkur ☿ (Dialog/Handel)	**Vollmond in Stier um 14:19 Uhr:** Heute wird es besonders erdbetont. Es kommt in Dir eine Sehnsucht nach Stabilität auf, die Du so möglicherweise schon länger nicht mehr gespürt hast. Was kannst Du tun, um für mehr Sicherheit in Deinem Leben zu sorgen?
Donnerstag **06** November Mo>Zwillinge 16:20 Uhr TE: Jupiter ♃ (Geld/Job)	**Tag des Heiligen Leonhard:** Er ist der Schutzpatron der Tiere und darum bietet sich heute eine Seelenreise an, bei der Du Dein Krafttier herausfinden kannst. Mach es Dir gemütlich, deck Dich etwas zu und schalte alle Störquellen aus. Schließ die Augen und stell Dir vor, wie Du durch einen wunderschönen Wald spazierst. Nimm alles genau wahr, nutze all Deine Sinne. Nach einiger Zeit kommst Du an eine Lichtung. Schau Dich dort um, nimm dort Platz und bitte Dein Krafttier, sich zu zeigen. Je mehr Zeit Du Dir dazu nimmst und je intensiver Du Deine Sinne nutzt, umso deutlicher wird Dir Dein Krafttier begegnen.

Tag der römischen Göttin Minerva:

Sie ist die Göttin der Weisheit und der taktischen Kriegsführung. Wenn Du Dich mit ihr verbinden möchtest, dann passt eine Räucherung aus Weihrauch, Jasmin und Myrte.

Uranus in Zwillinge um 03:19 Uhr:

Rebellische Energien herrschen jetzt. Möglicherweise reagierst Du sogar etwas bockig. Du darfst Dich jetzt hinterfragen, was Du eigentlich wirklich möchtest. Wenn Du das Gefühl hast, innerlich zerrissen zu sein, dann stelle eine Wasserschale auf und schreibe die möglichen Optionen auf kleine Zettel, die Du um die Schale herum verteilst. Entzünde nun ein Streichholz und wirf es ins Wasser. Wenn das Streichholz ruhig liegengeblieben ist, zeigt Dir der Kopf den Weg.

Samstag

08

November

Mo>Krebs
16:05 Uhr

TE: Saturn ♄
(Lösung/Ende)

Merkur rückläufig in Schütze um 20:01 Uhr:

Für die nächsten Wochen solltest Du Deine Pläne lieber doppelt checken. Ist wirklich nichts vergessen? Nachrichten könnten verloren gehen. Statt möglicherweise (vergeblich) auf eine Antwort zu warten, frag lieber noch mal nach und lass Dir den Erhalt bestätigen.

Notizen

Montag **10** November Mo>Löwe 18:33 Uhr TE: Mond ☽ (Intuition/Frau)	**KW 46** **Tag des germanischen Gottes Vali:** Er wird oft als Rächergott beschrieben, repräsentiert aber viel eher die logische Konsequenz allen Tuns. So sicher wie auf die Nacht der Morgen folgt; so sicher wie die Bäume nach dem scheinbaren Tod im Winter wieder ihr grünes Blätterkleid tragen – so sicher folgt auf jede Aktion eine Reaktion. Bist Du Dir dessen immer bewusst? Ein Bergkristall unterstützt Meditationen, die Dich zur Klarheit führen.
Dienstag **11** November TE: Mars ♂ (Mut/Stärke)	**Jupiter rückläufig in Krebs um 17:41 Uhr:** Die Energien waren zäh in diesem Jahr und die Herausforderungen stecken Dir sicher sprichwörtlich in den Knochen. In den nächsten Tagen geht es darum, Deine Lebensfreude wiederzufinden. Zitrusöle heben die Stimmung sofort!
Mittwoch **12** November TE: Merkur ☿ (Dialog/Handel)	**Tag der hinduistischen Göttin Uma:** Ihr Name bedeutet so viel wie Mutter der ganzen Welt, aber auch Frieden der Nacht. Uma bringt Licht und Klarheit in viele Angelegenheiten und damit auch die Erkenntnis. Sie stärkt das Hellsehen. Wenn Du wissen möchtest, ob dieser Sinn bei Dir auch besonders ausgeprägt ist, dann versuche Folgendes: Nimm Dir eine Glasschüssel, fülle sie mit Wasser und schau hinein. Gib Dir Zeit. Wenn nach einiger Zeit Bilder zu erkennen sind, bist Du hellsichtig. Kommen eher Gedanken, hast Du ein anderes Talent. Eine Räucherung mit Eisenkraut soll behilflich sein.
Donnerstag **13** November Mo>Jungfrau 00:51 Uhr TE: Jupiter ♃ (Geld/Job)	**Ägyptisches Fest der Herbstzeremonien:** Mit mehrtägigen Feiern sollte der Nil gnädig gestimmt werden. Ganz traditionell wurden Ta'amia-Bällchen gegessen, deren Rezept ich etwas modernisiert habe: Hacke ½ Bund Petersilie, 2 Zwiebeln und 2 Knoblauchzehen klein und mische sie mit je 1 Teelöffel Kreuzkümmel, Salz und Koriander. Gib je ½ Teelöffel Backpulver und Cayennepfeffer dazu. Lass 400g Favabohnen aus der Dose gut abtropfen, gib sie zur Mischung und püriere alles miteinander. Es sollte nicht zu fein musig sein. Lass das ganze 30 Minuten ruhen, rolle kleine Bällchen aus der Masse und backe sie dann in Öl aus.

Sternschnuppenmaximum der Leoniden:

Gegen 22 Uhr ist die größte Chance, direkt über dem Horizont im Sternzeichen Löwe die ein oder andere Sternschnuppe zu erblicken und einen Wunsch zu sprechen. Einem alten Brauch sollte man an der Stelle, wo man den Wunsch aussprach, eine Münze vergraben, um die Erfüllung zu sichern.

Freitag
14
November

TE: Venus ♀
(Liebe/Beauty)

Tag der römischen Göttin Feronia:

Ihr Name bedeutet so viel die Blumen Liebende. Mit verschiedenen Opfergaben, unter anderem Blumen und Blüten, wollte man ihr die Zeit des Schlafes bis zum Frühjahr leicht machen und damit sicher gehen, dass sie nach dem Winter wieder aufwacht. Schreibe heute doch einmal einen Brief an Dein zukünftiges Ich. Schreibe alles auf, was Du Dir selbst sagen möchtest, was Du erreichen möchtest, was Dir gerade wichtig ist. Verschließe den Brief und öffne ihn erst am ersten Frühlingstag im neuen Jahr. Du wirst staunen, welche Erkenntnisse und fantastische Emotionen Du daraus ziehen kannst.

Samstag
15
November

Mo>Waage
10:43 Uhr

TE: Saturn ♄
(Lösung/Ende)

Tag der japanischen Göttin Inari:

Im November und zu Frühlingsbeginn wird dieser Göttin gedacht. Spannend finde ich, dass sich zwei ähnliche Feste an zwei so weit voneinander entfernten Orten entwickeln konnten (siehe Samstag). Greife die Energie auf und blicke in den Frühling. Was möchtest Du bis April erreichen? Hast Du Ziele? Beruflich oder privat? Notiere sie und plane die Schritte bis dahin. Eine weiße oder blaue Kerze sorgt für Klarheit.

Sonntag
16
November

TE: Sonne ☉
(Mann/Energie)

Notizen

Montag	KW 47
17	**Tag der Heiligen Elisabeth von Thüringen:**
November	Sie ist die Patronin aller Notleidenden und Armen. Fast 800 Jahre nach ihrem Tode ist die Verehrung für sie nahezu ungebrochen. Viele Krankenhäuser und Sozialstationen sind ihr gewidmet. Wenn es Dir selbst aktuell schlecht geht, dann wende Dich an die Heilige Elisabeth. Geht es Dir jedoch gut, dann tue etwas Gutes in ihrem Namen für einen notleidenden Menschen oder ein notleidendes Tier.
Mo>Skorpion 22:44 Uhr	
TE: Mond ☽ (Intuition/Frau)	

Dienstag	**Tag der aztekischen Göttin Tonantzin:**
18	Sie ist die Göttin der Fülle und daher passt heute ein Ritual für berufliche oder finanzielle Weiterentwicklung ganz besonders gut. Nimm Dir ein kleines Glas, was sicher und luftdicht schließt. Gib 9 Münzen hinein, je einen Teelöffel getrocknete Minze und Zimt, 9 Gewürznelken, einen grünen Zettel auf den Du Eurozeichen und die **Fehu**-Rune zeichnest, und fülle das Ganze mit flüssigem Honig oder Löwenzahnsirup auf. Wichtig ist, dass das Glas so voll wie möglich ist und der Deckel dann fest aufgeschraubt wird. Das Glas wird nun dunkel gelagert und immer wieder geschüttelt, um die Geldenergie zu aktivieren.
November	
TE: Mars ♂ (Mut/Stärke)	

Mittwoch	**Buß-und Bettag (SN)**
19	**Tag der minoischen Göttin Rhea:**
November	Sie repräsentiert die ursprüngliche Macht der Frauen und wird oft mit Drachenkraft in Verbindung gebracht. Wenn Du Dich ihr in einem Ritual nähern möchtest, dann mach Dich auf ungewöhnliche Lösungsvorschläge von Rhea gefasst.
TE: Merkur ☿ (Dialog/Handel)	

Donnerstag	**Neumond in Skorpion um 07:47 Uhr**
20	**Uranus-Neptun-Sextil um 15:33 Uhr:**
November	Jetzt wird es mystisch! Diese magische Konstellation wirkt faszinierend düster und es ist Zeit für besondere Orakel. Vielleicht möchtest Du mit Freundinnen zusammen eine Séance veranstalten? Ganz gleich, ob ihr ein Ouija-Brett oder Gläser verwendet, um Kontakt zum Jenseits aufzunehmen, sorge auf jeden Fall für eine mystische Stimmung mit Kerzen und schweren Düften.
Mo>Schütze 11:25 Uhr	
TE: Jupiter ♃ (Geld/Job)	

Orthodoxer Gedenktag Darstellung Mariä im Tempel:

Dieser Gedenktag bezieht sich auf eine Geschichte aus dem apokryphen (also nicht in die Bibel aufgenommenen) Jakobsevangelium. Marias Eltern, Joachim und Anna, die lange kinderlos geblieben waren, brachten als Dank für die Geburt ihrer Tochter das Kind in den Tempel nach Jerusalem. Sie ließen es Gott weihen und dort erziehen. Maria blieb mehrere Jahre im Tempel.

Freitag

21

November

TE: Venus ♀
(Liebe/Beauty)

Sonne in Schütze um 02:35 Uhr:

Der Monat des Ahnengedenkens geht zu Ende und Du wirst merken, dass die Stimmung wieder beschwingter und fröhlicher wird. Besonders gut kannst Du heute Konflikte, die schon länger an Dir nagen und an denen Du noch aus emotionalen Gründen festgehalten hast, abschließen. Eine braune und eine schwarze Kerze gleichzeitig angezündet, hilft dabei.

Samstag

22

November

Mo›Steinbock
23:52 Uhr

TE: Saturn ♄
(Lösung/Ende)

Tag der hawaiianischen Göttin Pele:

Sie ist die Göttin der Vulkane und wird noch immer sehr verehrt. Sie erinnert Dich daran, dass Du Dich zurückziehen darfst, wann immer es für Dich richtig erscheint. Also: Mach mal Pause! Ein Larimar als Schmuckstück getragen hilft Dir, aus dem Rückzug auch wieder herauszukommen.

Sonntag

23

November

TE: Sonne ☉
(Mann/Energie)

Notizen

Montag
24
November

TE: Mond ☽
(Intuition/Frau)

KW 48
Römische Brumalien:
Diese Festzeit zu Ehren des Gottes Bacchus dauerte 30 Tage und hatte zusammen mit den darauffolgenden Saturnalien sehr viel mit unseren modernen Weihnachts- und Silvesterbräuchen zu tun. Zum Beispiel wurde warmer Wein ausgeschenkt, der mit allerlei Gewürzen verfeinert war. Anis gehörte damals dazu und ist auch heute noch fester Bestandteil des Glühweins. Anis fördert die gute Laune und sorgt für Glücksgefühle.

Dienstag
25
November

Mo>Wassermann
11:15 Uhr

TE: Mars ♂
(Mut/Stärke)

Tag der Heiligen Katharina:
Am sogenannten Kathrein-Tag sollten alle Räder ruhen, also auch die Spinn- und Mühlräder, wie auch die Auto- und Fahrräder in unserer Zeit. Als das Weihnachtsfest auch in unseren Breiten noch am 6. Januar gefeiert wurde, begann am Kathrein-Tag die 40-tägige Fastenzeit. Nimm diesen Tag zum Anlass, um Dir vor den anstehenden Adventswochen noch einmal eine Auszeit zu gönnen.

Mittwoch
26
November

TE: Merkur ☿
(Dialog/Handel)

Tag der griechischen Göttin Ker:
Sie erscheint als Göttin des gewaltsamen Todes natürlich zunächst düster oder gar böse. Doch jeder Gott, jede Göttin – ja jede Wesenheit, auch der Mensch, tragen zwei Pole in sich. Niemand ist vollkommen gut oder ganz böse. Ker's Macht der Zerstörung ist kraft- und wirkungsvoll. Sie sprengt Grenzen, Blockaden und all das, worauf wir ihre Energie lenken.

Donnerstag
27
November

Mo>Fische
20:23 Uhr

TE: Jupiter ♃
(Geld/Job)

Tag der friesischen Göttin Friagabis:
Sie ist eine Heilungs- und Segensgöttin und kann für Wunschrituale aller Art angerufen werden. Für Deine Wünsche, die Fülle und Wohlstand betreffen, kannst Du heute eine grüne Kerze, die Du mit Deinem Namen und 3 Spiralen (von innen nach außen ritzen!) beschriftet hast, abbrennen lassen. Eine Räucherung mit Bernstein soll das Geld anziehen. Bitte nutze hierfür nicht die großen Perlen der geerbten Kette von der Oma, obwohl das natürlich den gleichen Effekt hätte. Es gibt jedoch im Fachhandel kleine Bernsteinsplitter zum deutlich günstigeren Preis, die den Zweck ganz wunderbar erfüllen.

Saturn direktläufig in Fische um 04:51 Uhr: Er ist der Planet der Grenzen und Herausforderungen und verlangt von uns, dass wir Verantwortung für uns und unsere Handlungen übernehmen. Ziele sind jetzt nur mit viel Disziplin zu erreichen – aber sie sind greifbar.	Freitag **28** November TE: Venus ♀ (Liebe/Beauty)
Merkur direktläufig um 18:38 Uhr: Auch Merkur wird endlich wieder direktläufig. Die Zeit der Missverständnisse ist vorerst überwunden. Es steht allerdings die Frage im Raum: Hast Du in den vergangenen Wochen etwas gelernt? Welche Erfahrungen nimmst Du mit?	Samstag **29** November TE: Saturn ♄ (Lösung/Ende)
1. Advent: Heute beginnt die vierwöchige Weihnachts-Vorbereitungszeit (lateinisch: Adventus Domini = Ankunft des Herrn), die früher eine Fastenzeit analog zur Zeit vor Ostern war. Heute wird dies nur noch in den Orthodoxien so gehandhabt. Viel weiter verbreitet ist da der Brauch, einen Kranz aus Tannenzweigen mit 4 Kerzen zu binden. An jedem der vier Adventssonntage wird eine Kerze angezündet. Der grüne Kranz symbolisiert nicht nur Leben und Hoffnung, sondern stellt auch den Sieg des Lebens über den Tod dar; die grünen Zweige können mit einem (Sieges-)Kranz in Verbindung gebracht werden, der mit einem roten Band geziert wird.	Sonntag **30** November Mo>Widder 02:06 Uhr TE: Sonne ☉ (Mann/Energie)

Notizen

157

Notizen

Dezember 2025

KW	Mo	Di	Mi	Do	Fr	Sa	So
49	1	2	3	4	5	6	7
50	8	9	10	11	12	13	14
51	15	16	17	18	19	20	21
52	22	23	24	25	26	27	28
1	29	30	31				

Was ist mir im November besonders gut gelungen?

_____

_____

_____

_____

Was möchte ich im Dezember schaffen?

_____

_____

_____

_____

_____

Wie belohne ich mich, wenn ich das geschafft habe?

_____

_____

_____

_____

Wofür bin ich dankbar?

_____

_____

_____

_____

Montag **01** Dezember TE: Mond ☽ (Intuition/Frau)	**KW 49** **Tag der griechischen Göttin Sige:** Sie ist die Göttin der Stille, aus der heraus die Schöpfung geschieht. Gerade in der heutigen modernen Welt weist sie Dich darauf hin, dass nur in der Stille der Funken zu finden ist, der die Gedanken erhellt und zur Kreativität und Energie führt. Heute ist ein guter Tag für eine ausführliche Meditation oder Seelenreise. Du möchtest Dich dabei von mir begleiten lassen? Dann schicke uns eine E-Mail und wir schicken Dir kostenfrei einen Link zu einer von mir gechannelten und gesprochenen Meditation.
Dienstag **02** Dezember Mo>Stier 04:12 Uhr TE: Mars ♂ (Mut/Stärke)	**Tag des Heiligen Wisinto:** Er war ein Benediktinermönch, der sich durch vorbildliches Leben und konzentriertes Arbeiten auszeichnete. Fehlt Dir manchmal der Fokus? Dann könnte eine Räucherung helfen. Mische zu gleichen Teilen Kardamom, Kalmus, Wacholderholz, Wacholdernadeln, Basilikum, Zimt, Ylang, Copal und Aden-Weihrauch.
Mittwoch **03** Dezember TE: Merkur ☿ (Dialog/Handel)	**Tag der Pueblo-Göttin Wankwijo:** Sie ist die Großmutter des Windes und sehr gefürchtet. Denn sie bringt keinen erfrischenden Wind, sondern peitscht ihren heißen Atem durch die Berge. Besänftigen kann man sie mit Maismehl oder Truthahnfedern. Ihre Stärke kann jedoch auch sehr nützlich sein, wenn Du auch mal etwas aufbrausen willst. Entzünde ein Räucherwerk aus Zeder und Salbei und rufe Wankwijo zur Seite.
Donnerstag **04** Dezember Mo>Zwillinge 03:48 Uhr TE: Jupiter ♃ (Geld/Job)	**Tag der Heiligen Barbara:** Sie ist die christianisierte Version der keltischen Feenkönigin und neben dem Brauch der sogenannten Barbarazweige gibt es auch den Barbaraweizen. Dieser wird heute in eine Schale ausgesät. Wenn er dann zu Weihnachten einen dichten, sattgrünen Teppich gebildet hat, folgt eine reiche Ernte im neuen Jahr. Die Schale mit der frisch aufgegangenen Saat wird mit einem roten Band umwunden und auf den Weihnachtstisch gestellt.

Vollmond in Zwillinge um 00:14 Uhr:

Die letzten Wochen und Monate waren anstrengend für Dich und Dir war bisher so gar nicht nach Adventsstimmung und Gesellschaft? Das ändert sich jetzt, denn der Vollmond in den Zwillingen entfacht Teamgeist und das Bedürfnis nach Gemeinschaft.

Freitag

05

Dezember

TE: Venus ♀
(Liebe/Beauty)

Tag des Heiligen Nikolaus:

An diesem Tag wird des Heiligen Bischofs Nikolaus von Myra gedacht, der als Wohltäter der Kinder verehrt wird. Kinder kann man ganz spielerisch selbst an Rituale heranführen. Sind Kinder zum Beispiel besonders wütend, kannst Du mit ihnen zusammen einen Spaziergang unternehmen, einen Stein suchen, ein kleines Loch in die Erde graben, den Stein hineinwerfen, drauf spucken und dann alle Wut unter der Erde vergraben. Bei Erwachsenen funktioniert dieses Ritual übrigens auch.

Samstag

06

Dezember

Mo>Krebs
02:54 Uhr

TE: Saturn ♄
(Lösung/Ende)

2. Advent
Sternschnuppen der Geminiden:

Von heute bis zum 17. Dezember sind die Geminiden zu sehen. Die Sternschnuppen kommen scheinbar aus dem Sternzeichen Zwillinge und sind besonders eindrucksvoll, weil sie viele helle, typischerweise gelb-weiße Meteore hervorbringen. Sie sind besonders gut nach Mitternacht zu beobachten.

Sonntag

07

Dezember

TE: Sonne ☉
(Mann/Energie)

Notizen

Montag **08** Dezember Mo>Löwe 03:48 Uhr TE: Mond ☽ (Intuition/Frau)	**KW 50** **Katholisches Fest Mariä Empfängnis:** Dies ist der Tag, an dem – so erzählt es die Bibel – Gott Maria im Mutterleib ihrer Mutter Anna erwählte, die Mutter seines Sohnes Jesus Christus zu werden. Es ist das Hochfest der ohne Erbsünde empfangenen Jungfrau und Gottesmutter Maria. Die Energien unserer Vorfahren sind für uns relevanter, als wir das in unseren Zeiten wahrhaben wollen. Beschäftige Dich heute mit Geschichten und Talenten, die sich in Deiner Familie immer wiederholen. So erkennst Du, was in Deinem Erbe steckt.
Dienstag **09** Dezember TE: Mars ♂ (Mut/Stärke)	**Tag der indischen Göttin Lakshmi:** Sie ist der Inbegriff des Genusses, der Glückseligkeit, des Reichtums und des Überflusses. Sie segnet mit „goldener Hand" alle ihre Anhänger mit Glück und Wohlstand, wenn diese sie aufrichtig verehren. Um die Göttin zu sich einzuladen, solltest Du Dein Haus gründlich putzen und dann hell erleuchten.
Mittwoch **10** Dezember Mo>Jungfrau 08:20 Uhr TE: Merkur ☿ (Dialog/Handel)	**Neptun direktläufig in Fische um 13:23 Uhr:** Jetzt musst Du Dich möglicherweise der ein oder anderen unangenehmen Wahrheit stellen. Doch es geht nicht darum, diese kognitiv zu verarbeiten, sondern eher auf Deine Gefühle zu achten und diese auch anzuerkennen. Jede Emotion hat Wert und Aussagekraft. Was genau lässt Dich gerade so fühlen? Darin steckt ein riesiges Heilungspotenzial.
Donnerstag **11** Dezember TE: Jupiter ♃ (Geld/Job)	**Tag des Heiligen Josef:** Viele seiner Geschichten berichten darüber, dass er sein Schicksal stets mit positiven Gedanken ertrug. Wenn auch Du negatives Denken zerstreuen möchtest, hilft eine Korianderräucherung. Sie duftet frisch würzig, klärt die Gedanken und gilt in der arabischen Welt bis heute als magisches Mittel, um Unheil abzuwehren.

Tag der keltischen Göttin Borbeth:

Sie ist die warmherzige, sonnige Kraft, in etwa wie die liebende Großmutter. Verbinde Dich heute mit ihr in einem Gebet oder in einer Meditation, wenn Du Dich allein gelassen oder traurig fühlst. Borbeth wird Dir ein Gefühl der Geborgenheit geben und Dich trösten.

Freitag

12

Dezember

Mo>Waage
17:04 Uhr

TE: Venus ♀
(Liebe/Beauty)

Skandinavisches Luciafest:

Obwohl das Luciafest dem Namen nach ein Heiligengedenkfest ist, ist es jedoch im Brauchtum noch immer von vorchristlicher Mythologie geprägt. So gibt es Prozessionen, in denen die ältesten Mädchen der Familie – mit weißem Gewand und Kerzenkranz ausgestattet – die Lichtbringerin Lucia darstellen. Was bringt Dir heute Licht ins Leben, ins Herz? Ein ätherisches Öl aus Zitrone, Minze, Eukalyptus und Rose wirkt stimmungsaufhellend und lässt Erinnerungen an den Sommer aufkommen.

Samstag

13

Dezember

TE: Saturn ♄
(Lösung/Ende)

3. Advent
Tag der keltischen Göttin Wilbeth:

Sie ist eine der drei Bethen (Ambeth, Wilbeth, Borbeth) und verkörpert die Weisheit und das Licht. Sie ist die Kraft der jungen Frau, die ihr Schicksal selbst in die Hand nimmt. Heute kannst Du mit einem kleinen Ritual die Kommunikation zwischen Dir und Deinem Herzensmenschen verbessern. Wähle aus einem Kartenspiel Herzkönig und Herzdame. Halte die Karte mit den Bildseiten zusammen und visualisiere, wie eine Verbindung entsteht. Binde die Karten nun mit einem roten Faden zusammen und lege das Paket unter Dein Kopfkissen. Du und Dein Liebster werden jetzt die Herzen zueinander sprechen lassen.

Sonntag

14

Dezember

:

TE: Sonne ☉
(Mann/Energie)

Notizen

165

Montag **15** Dezember Mo>Skorpion 04:51 Uhr TE: Mond ☾ (Intuition/Frau)	KW 51 **Tag der chinesischen Göttin Kwan Yin:** Sie wird manchmal auch Kuan Yin geschrieben und gilt als Maria des Ostens, eine Mutterfigur, die eng mit dem Alltagsleben verbunden ist. Um den Hals oder in der Hand trägt sie eine Gebetskette oder einen Rosenkranz, mit dem sie um die Hilfe Buddhas bittet. Auch hier zeigt sich, dass die verschiedenen Kulturen mehr verbindet, als sie trennt. Rufe Kwan Yin bei Kinderwunschthemen, Erziehungssorgen oder Kummer mit erwachsenen Kindern an. Sie wird Dir einen Rat geben.
Dienstag **16** Dezember TE: Mars ♂ (Mut/Stärke)	**Tag der sibirischen Göttin Azer-Ava:** Als Schützerin des Waldes bestraft sie all jene, die ohne Sinn Äste abbrechen oder Bäume fällen. Sie beschenkt aber all die, die sich ihr respektvoll nähern und ist auch für den fruchtbaren Regen verantwortlich. Deshalb wird sie noch heute von Bauern, die einen waldnahen Hof haben, angerufen.
Mittwoch **17** Dezember Mo>Schütze 17:38 Uhr TE: Merkur ☿ (Dialog/Handel)	**Beginn der römischen Saturnalien:** Dieses Fest des antiken Roms ist in vielen Bräuchen und auch vom Zeitpunkt her der direkte Vorläufer unserer Weihnachts- und Silvesterfeiertage. Bis zum 30. Dezember war ein gesteigerter Alkoholkonsum üblich, was bei den zahlreichen Festen mit Familie, Freunden und Geschäftspartnern zu einer deutlich lockereren Moral führte. Genieße bei Weihnachtsfeiern mit Kollegen und Freunden auch einmal für einen Moment die entspannte Stimmung und Ausgelassenheit.
Donnerstag **18** Dezember TE: Jupiter ♃ (Geld/Job)	**Beginn des Sternschnuppenregens Ursiden:** Diesen Meteorstrom kann man noch bis zum 26. Dezember immer um Mitternacht herum im Sternbild des kleinen Bären beobachten. Dieser ist am Nachthimmel leicht zu finden, da dieses Sternbild einem Boller-wagen ähnelt und deshalb auch oft kleiner Wagen genannt wird.

Tag der griechischen Euthenia:

Sie ist der personifizierte Geist des Wohlstandes. Heute ist der perfekte Tag für die Finanzplanung des nächsten Jahres. Formuliere dazu auch Deine Wünsche und zünde eine weiße und eine grüne Kerze gleichzeitig an. Dadurch schaffst Du zum einen Klarheit, zum anderen aber auch Vertrauen in die Manifestation Deiner Wünsche und Pläne.

Freitag

19

Dezember

TE: Venus ♀
(Liebe/Beauty)

Neumond in Schütze um 02:43 Uhr
Lilith in Schütze um 20:11 Uhr:

„Am Ende wird alles gut, und wenn es noch nicht gut ist, ist es noch nicht das Ende." So oder so ähnlich könnte das Motto der nächsten Tage lauten. Der Neumond im Schützen ist so etwas wie das Licht am Ende des Tunnels und auch die Lilith, die ins gleiche Zeichen wandert, gibt uns das Gefühl, dass wir alles im Leben schaffen können.

Samstag

20

Dezember

Mo>Steinbock
05:52 Uhr

TE: Saturn ♄
(Lösung/Ende)

4. Advent
Wintersonnenwende
Sonne in Steinbock um 16:03 Uhr:

Zur Konstellation des vorigen Tages gesellt sich heute noch der Moment, in dem die Sonne im Steinbock den dunkelsten Punkt im Jahr erreicht. Ab morgen werden die Tage wieder länger und verstärken die Aufbruchsstimmung. Möglicherweise hast Du jetzt besonders viel Lust auf Ruhm und Anerkennung? Dann kümmere Dich noch vor den Weihnachtsfeiertagen um die ersten Schritte.

Sonntag

21

Dezember

TE: Sonne ☉
(Mann/Energie)

Notizen

Montag **22** Dezember Mo>Wassermann 16:51 Uhr TE: Mond ☽ (Intuition/Frau)	**KW 52** **Neuheidnisches Yule-Fest:** Dies ist das Fest der Wiedergeburt und der Regeneration. In der längsten Nacht des Jahres wird die Sonne wiedergeboren. Dies wird vor allem mit Kerzen und Lagerfeuern gefeiert, um die Sonne und das neue Licht zu begrüßen.
Dienstag **23** Dezember TE: Mars ♂ (Mut/Stärke)	**Vorabend zu Heiligabend:** Der Überlieferung nach solltest Du heute (oder zu Silvester oder Neujahr – je nach Tradition) Hirse essen, damit Dir im nächsten Jahr das Geld nicht ausgeht. Auf jeden Fall solltest Du aber heute den Hausgeistern Hirse opfern, damit sie Dir im kommenden Jahr wohlgesonnen sind und keine Dinge verstecken.
Mittwoch **24** Dezember TE: Merkur ☿ (Dialog/Handel)	**Heiligabend:** Dieses Fest findet in jüdischer Tradition am Vorabend von Christi Geburt statt. Es ist der Beginn der christlichen Weihnachtsfeiertage. Ab heute darf der Überlieferung nach bis zum neuen Jahr weder Wäsche gewaschen noch geputzt werden. Die sogenannte Zeit zwischen den Jahren gilt auch heute noch als besonders.
Donnerstag **25** Dezember Mo>Fische 02:08 Uhr TE: Jupiter ♃ (Geld/Job)	**1. Weihnachtsfeiertag (bundesweiter Feiertag):** Nach dem Advents- und Weihnachtsstress kehrt langsam Ruhe ein. Und wenn die Nächte gerade auch noch dunkel und kalt sind: Gerade jetzt in der größten Dunkelheit liegt die Hoffnung auf den kommenden Frühling. Dies ist auf unser Leben übertragbar. Am Punkt unserer größten Traurigkeit gibt es die Chance auf neues Glück. Probiere folgendes Ritual: Leg Dir eine Teekerze und ein Feuerzeug zurecht. Schalte alle Lichtquellen aus, fühle die Dunkelheit. Zünde nun die Kerze an. Beobachte, wie die Kerze – ausgelöst durch Deine Aktivität des Anzündens – den Raum mit Licht füllt. Ebenso kannst Du Dein Leben durch Deine Entscheidungen mit Licht füllen.

2. Weihnachtsfeiertag (bundesweiter Feiertag):

Nutze heute noch einmal die Energie des Lichts, um Dich auf Visionssuche zu begeben. Gerade dann, wenn Du nicht so genau weißt, wohin das neue Jahr Dich führen soll. Nimm Dir eine schöne Schale, füll sie bis zur Hälfte mit Wasser und lege einige Kupfermünzen hinein. Gib noch etwas Majoran aus Deinem Gewürzregal dazu und entzünde eine weiße Kerze. Konzentriere Dich nun auf das Wasser und bitte eine Göttin oder einen Gott nach Wahl oder einfach das Universum um eine Eingebung.

Freitag

26

Dezember

TE: Venus ♀
(Liebe/Beauty)

Tag der ägyptischen Göttin Unut:

Sie ist eine starke Schutzgöttin und steht Dir zu Seite, wenn Du Dich bedrängt oder eingeengt fühlst. Hast Du Streit mit Deinen Nachbarn oder anderen Menschen, die Deine Grenzen nicht wahrnehmen? Dann trage etwas Bergamotte-Öl als Parfum. Man sagt, dass das Öl mächtig genug ist, Dich vor allem Übel zu bewahren.

Samstag

27

Dezember

Mo>Widder
09:01 Uhr

TE: Saturn ♄
(Lösung/Ende)

Tag der chinesischen Göttin Nu Kua:

Sie ist an Deiner Seite, wenn das Chaos Dir über den Kopf zu wachsen droht. Ganz egal, ob es sich um berufliche Überforderung oder Unordnung der Wohnung handelt, ob Deine Beziehung ein einziges Hin und Her ist oder ob Deine Kinder sich nicht an Regeln halten wollen. Nu Kua kommt, wenn Du sie rufst. Sie wird Dich in ihre Arme nehmen und Dir tröstend über den Kopf streichen, und sie hilft Dir auf sanfte Art, Dein Leben zu ordnen.

Sonntag

28

Dezember

TE: Sonne ☉
(Mann/Energie)

Notizen

Montag **29** Dezember Mo›Stier 12:57 Uhr TE: Mond ☽ (Intuition/Frau)	**KW 1** **Tag des Heiligen Nathan:** Er war Prophet und Ratgeber am Hof des alttestamentarischen König Davids. Seine Prophezeiungen sind legendär. Deshalb und durch die Nähe zu Silvester natürlich, passt heute ein Orakel sehr gut. Zünde dazu eine weiße und eine schwarze Kerze an. Stelle Deine Frage und tropfe dann jeweils drei Tropfen vom schwarzen und weißen Wachs in eine kleine mit Wasser gefüllte Schale. Aus den erkalteten Wachsstückchen kannst Du die Antwort lesen.
Dienstag **30** Dezember TE: Mars ♂ (Mut/Stärke)	**Vorabend von Silvester:** So kurz vor dem Jahreswechsel kannst Du für den energetischen Schutz Deines Zuhauses sorgen. Bring dafür die Satorformel (ausgedruckt oder handschriftlich aufgeschrieben) einfach an der Haustür an. Ob Du die Formel sichtbar anbringen möchtest, oder lieber verdeckt, bleibt Dir überlassen. Wichtig ist, dass Die Buchstaben ordentlich untereinanderstehen: S A T O R A R E P O T E N E T O P E R A R O T A S
Mittwoch **31** Dezember 2025 Mo›Zwillinge 14:13 Uhr TE: Merkur ☿ (Dialog/Handel)	**Mars-Mondknoten-Sextil um 09:50 Uhr** **Silvester:** Allerlei Bräuche ranken sich um die Nacht des Jahreswechsels. So würden etwa Dämonen des Nachts durch die Welt ziehen. Um diese und den Kummer des alten Jahres zu vertreiben, lärmt man mit Feuerwerk, Tröten und Rasseln. In einigen Regionen (z. B. in Berlin) ist es Brauch, um Mitternacht einen Pfannkuchen (also einen Berliner) zu essen. Einer ist mit Senf gefüllt, statt mit süßer Marmelade. Wer diesen erwischt, soll im neuen Jahr ganz besonders viel Glück haben.
Donnerstag **01** Januar 2026 TE: Jupiter ♃ (Geld/Job)	**Neujahr (bundesweiter Feiertag)** **Tag der babylonischen Wassergöttin Nanshe:** Man sagt, dass Nanshe am ersten Tag des neuen Jahres zurück auf das vergangene schaut und die Taten der Menschen beurteilt, um sie zu belohnen oder auch zu strafen. Auch wenn ich finde, dass Du keinen Grund hast Dich zu strafen, darf Reflektion heute einen Platz finden. Schreibe alles, was Du im Jahr 2025 zurücklassen möchtest auf ein Blatt Papier, falte dies zu einem Papierschiffchen, fülle es mit Blüten und Honig und übergib es einem fließenden Gewässer. Bedanke Dich für alles Gute, was Dir widerfahren ist und lass das Boot zu Wasser. Geh davon, ohne Dich noch einmal umzuschauen.

Tag des Heiligen Kosmas von Konstantinopel:

Dieser Heilige der christlich-orthodoxen Kirchen besaß die Gabe der Weissagung und auch Du kannst das Thema Orakel gerade jetzt zum Jahreswechsel noch aufgreifen. Unternimm einen Spaziergang und denke über eine konkrete Fragestellung nach. Halte Ausschau nach Buchstaben, die Dir in der Natur begegnen. In Baumrinden, Ästen, Steinen – was immer Du findest. Daraus kannst Du lesen, was die Natur Dir zu sagen hat.

Freitag
02
Januar

TE: Venus ♀
(Liebe/Beauty)

Tag des griechischen Gottes Dionysos:

Er ist der Gott des Weines und der Freude. Um zu mehr Lebensfreude zu finden, kannst Du Dich in einem Ritual an ihn wenden. Stelle dazu eine weiße Kerze und einen schönen Weinkelch mit einem guten Wein auf den Altar, entzünde die Kerze und sprich: „Ich entzünde diese Kerze, um die Macht und die Weisheit des Dionysos zu ehren." Nimm dreimal einen Schluck des Weines und sprich: „Dionysos, ich grüße Dich, Deine Weisheit und Deine Kraft. Ich bitte Dich um Deine Gunst und Führung." Lass die Kerze ganz ausbrennen und vergieße den restlichen Wein als Opfergabe an einem schönen Ort.

Samstag
03
Januar

TE: Saturn ♄
(Lösung/Ende)

Tag des etruskischen Gottes Flufluns:

Er ist ein Gott der Fruchtbarkeit und Vegetation und Du kannst ihn um Unterstützung bitten, indem Du folgendes Gebet sprichst: „Oh Flufluns, Gott der Fruchtbarkeit, ich rufe Dich an und bitte um Deine Gunst. Segne meine Ernte, dass ich genug habe, um zu leben und zu teilen. Mögen Deine Gaben meinen Geist beleben und Deine Weisheit meinen Geist erhellen."

Sonntag
04
Januar

TE: Sonne ☉
(Mann/Energie)

Notizen

171

Rückblick auf das Jahr 2025

Was habe ich gelernt?

1. _____

2. _____

3. _____

4. _____

Welche Ziele habe ich erreicht?

1. _____

2. _____

3. _____

4. _____

Was konnte ich los- bzw. hinter mir lassen?

1. _____

2. _____

3. _____

4. _____

Wofür bin ich dankbar?

1. _____

2. _____

3. _____

4. _____

Ausblick auf das Jahr 2026

Was nehme ich mir für das neue Jahr vor?

1. _____

2. _____

3. _____

4. _____

Was möchte ich im neuen Jahr verändern?

1. _____

2. _____

3. _____

4. _____

Wie belohne ich mich für das, was ich erreiche?

_____

_____

_____

_____

_____

_____

Gesetzliche Feiertage im Jahr 2026
(Stand 28.06.2024)

Tag	Datum	Namen	Bundesland
DO	01.01	Neujahrstag	Bundesweit
DI	06.01	Heilige Drei Könige	BW, BY, ST
SO	08.03	Internat. Frauentag	BE, MV
FR	03.04	Karfreitag	Bundesweit
SO	05.04	Ostersonntag	BB
MO	06.04	Ostermontag	Bundesweit
FR	01.05	Tag der Arbeit	Bundesweit
DO	14.05	Christi Himmelfahrt	Bundesweit
SO	24.05	Pfingstsonntag	BB
MO	25.05	Pfingstmontag	Bundesweit
DO	04.06	Fronleichnam	BW, BY, HE, NW, RP, SL
SA	15.08	Mariä Himmelfahrt	BY, SL
SO	20.09	Weltkindertag	TH
SA	03.10	Tag der Deutschen Einheit	Bundesweit
SA	31.10	Reformationstag	BB, HB, HH, MV, NI, SN, ST, SH, TH
SO	01.11	Allerheiligen	BW, BY, NW, RP, SL
MI	18.11	Buß- und Bettag	SN
FR	25.12	1. Weihnachtstag	Bundesweit
SA	26.12	2. Weihnachtstag	Bundesweit

Liste der verwendeten Abkürzungen

BB	- Brandenburg	NW	- Nordrhein-Westfalen
BE	- Berlin	RP	- Rheinland-Pfalz
BW	- Baden-Württemberg	SH	- Schleswig-Holstein
BY	- Bayern	SL	- Saarland
HB	- Bremen	SN	- Sachsen
HE	- Hessen	ST	- Sachsen-Anhalt
HH	- Hamburg	TH	- Thüringen
MV	- Mecklenburg-Vorpommern	TE	- Tagesenergie
NI	- Niedersachsen		

Kalenderübersicht 2026

Januar

	Mo	Di	Mi	Do	Fr	Sa	So
1				1	2	3	4
2	5	6	7	8	9	10	11
3	12	13	14	15	16	17	18
4	19	20	21	22	23	24	25
5	26	27	28	29	30	31	

Februar

	Mo	Di	Mi	Do	Fr	Sa	So
5							1
6	2	3	4	5	6	7	8
7	9	10	11	12	13	14	15
8	16	17	18	19	20	21	22
9	23	24	25	26	27	28	

März

	Mo	Di	Mi	Do	Fr	Sa	So
9							1
10	2	3	4	5	6	7	8
11	9	10	11	12	13	14	15
12	16	17	18	19	20	21	22
13	23	24	25	26	27	28	29
14	30	31					

April

	Mo	Di	Mi	Do	Fr	Sa	So
14			1	2	3	4	5
15	6	7	8	9	10	11	12
16	13	14	15	16	17	18	19
17	20	21	22	23	24	25	26
18	27	28	29	30			

Mai

	Mo	Di	Mi	Do	Fr	Sa	So
18					1	2	3
19	4	5	6	7	8	9	10
20	11	12	13	14	15	16	17
21	18	19	20	21	22	23	24
22	25	26	27	28	29	30	31

Juni

	Mo	Di	Mi	Do	Fr	Sa	So
23	1	2	3	4	5	6	7
24	8	9	10	11	12	13	14
25	15	16	17	18	19	20	21
26	22	23	24	25	26	27	28
27	29	30					

Juli

	Mo	Di	Mi	Do	Fr	Sa	So
27			1	2	3	4	5
28	6	7	8	9	10	11	12
29	13	14	15	16	17	18	19
30	20	21	22	23	24	25	26
31	27	28	29	30	31		

August

	Mo	Di	Mi	Do	Fr	Sa	So
31						1	2
32	3	4	5	6	7	8	9
33	10	11	12	13	14	15	16
34	17	18	19	20	21	22	23
35	24	25	26	27	28	29	30
36	31						

September

	Mo	Di	Mi	Do	Fr	Sa	So
36		1	2	3	4	5	6
37	7	8	9	10	11	12	13
38	14	15	16	17	18	19	20
39	21	22	23	24	25	26	27
40	28	29	30				

Oktober

	Mo	Di	Mi	Do	Fr	Sa	So
40			1	2	3	4
41	5	6	7	8	9	10	11
42	12	13	14	15	16	17	18
43	19	20	21	22	23	24	25
44	26	27	28	29	30	31	

November

	Mo	Di	Mi	Do	Fr	Sa	So
44							1
45	2	3	4	5	6	7	8
46	9	10	11	12	13	14	15
47	16	17	18	19	20	21	22
48	23	24	25	26	27	28	29
49	30						

Dezember

	Mo	Di	Mi	Do	Fr	Sa	So
49		1	2	3	4	5	6
50	7	8	9	10	11	12	13
51	14	15	16	17	18	19	20
52	21	22	23	24	25	26	27
53	28	29	30	31			

Über dieses Buch

Im Jahr 2000 begann eine Reise, die mich tief in die Welt des Hexentums führte. Damals führte ich einfache Notizbücher, in die ich alle wichtigen Daten und spirituellen Erkenntnisse eintrug – Mondphasen, religiöse Feiertage, persönliche Rituale und vieles mehr. Diese handschriftlichen Aufzeichnungen halfen mir, den Jahreskreis bewusst zu erleben und meine spirituelle Praxis zu vertiefen.

Mit der Zeit entdeckten Freunde und Klienten zufällig diese Notizbücher und waren begeistert. Sie wollten ebenfalls solch einen persönlichen Begleiter haben. So begann ich, diese Notizbücher für andere zu erstellen. Jahr für Jahr wuchs die Nachfrage, und bald fand ich mich dabei wieder, bis zu 50 handgeschriebene Kalender pro Jahr zu produzieren. Es war eine wunderbare, aber auch herausfordernde Zeit.

Im Jahr 2011 veränderte sich alles. Nach einigen Gastauftritten bei AstroTV bot man mir eine eigene Rubrik in der damaligen Morgensendung an. Ich entschied mich, über Feiertage und Rituale im Jahreskreis zu sprechen. Diese Plattform ermöglichte es mir, meine Ideen und mein Wissen einem breiteren Publikum zugänglich zu machen – und die Idee des gedruckten Hexenkalenders war geboren.

2014 war das Jahr, in dem ich den entscheidenden Schritt wagte. Ich veröffentlichte die erste gedruckte Ausgabe des Hexenkalenders. Die Resonanz war überwältigend. Die positive Rückmeldung und die wachsende Nachfrage bestätigten mir, dass ich auf dem richtigen Weg war. Mit jeder Ausgabe wuchs der Kalender weiter, wurde umfangreicher und vielfältiger.

Heute, im Jahr 2025, ist der Hexenkalender mehr als nur ein Planer. Er ist ein spiritueller Begleiter, der dir hilft, die Magie des Jahreskreises zu erleben. Jede Woche ist auf einer Doppelseite dargestellt, mit Platz für deine persönlichen Notizen und Reflexionen. Du findest darin die Tagesqualitäten, Voll- und Neumonde, Zeichenwechsel von Sonne und Mond und andere astrologische Ereignisse. Hinzu kommen Anleitungen für Rituale, Rezepte und inspirierende Texte aus verschiedenen Kulturen und Traditionen.

Der Hexenkalender ist mein Herzensprojekt, und es ist mir wichtig, dass er dir nicht nur Informationen bietet, sondern auch ein persönlicher Begleiter wird, der individuell gestaltet und genutzt werden kann. Möge er dir durch das Jahr 2025 helfen, deinen eigenen spirituellen Weg zu finden und zu vertiefen.

Was macht diesen Kalender nun zum Hexenkalender?

Der Hexenkalender vereint traditionelle Weisheiten und moderne spirituelle Erkenntnisse, um Dir eine ganzheitliche Begleitung durch das Jahr zu bieten.
Er enthält nicht nur astrologische Daten und Feiertage, sondern auch Rituale, Rezepte und inspirierende Texte, die Dich auf Deinem spirituellen Weg unterstützen.
Jede Woche bietet Platz für persönliche Notizen und Reflexionen, sodass Du den Kalender individuell gestalten kannst. Durch die Verwendung von festem Papier kannst Du bedenkenlos Aufkleber, Füller, Kugelschreiber und Marker verwenden, um Deinen ganz eigenen, einzigartigen Kalender zu schaffen.

Magische Grundlagen

An dieser Stelle möchte ich Dir gern das Wichtigste über Magie und Rituale mit auf den Weg geben. Denn dieser Kalender lebt von den zahlreichen Ritualen, die Du in Deinem Alltag ausprobieren und zelebrieren kannst.

Alles, was ich hier schreibe, entstammt weitestgehend der traditionellen Überlieferung, ergänzt durch moderne Erkenntnisse und Praktiken. Vieles habe ich alten, handschriftlichen Notizen übernommen, die von meiner Großmutter und Urgroßmutter stammen. Einiges habe ich aus alten Büchern recherchiert und an aktuelle Gegebenheiten angepasst, indem ich sie mit anderen Mythen kombiniert habe. Nun darf ich Dir also mein Wissen und meine Erfahrungen näher bringen.

Magie ist in erster Linie die bewusste Lenkung von Energie durch Intention und Rituale. Die grundlegenden Elemente der Magie – Erde, Wasser, Feuer, Luft und Geist – spielen dabei eine zentrale Rolle. Jedes Element repräsentiert unterschiedliche Energien und Aspekte des Lebens, die Du in Deinen Ritualen nutzen kannst:

Erde steht für Stabilität und Wohlstand. Rituale, die Erdmagie nutzen, beinhalten oft Kristalle, Salz oder Erde selbst.
Wasser symbolisiert Reinigung und Emotionen. Wasser-Rituale können Schalen, Kelche oder Wasserpflanzen einbeziehen.
Feuer verkörpert Transformation und Leidenschaft. Kerzenmagie ist eine gängige Praxis, bei der verschiedene Kerzenfarben unterschiedliche Bedeutungen haben.
Luft repräsentiert Intellekt und Kommunikation. Rituale mit Luft beinhalten oft das Verbrennen von Weihrauch oder das Verwenden von Federn.
Geist ist das verbindende Element, das die anderen vier harmonisiert und die spirituelle Intention stärkt.

Kerzenrituale sind eine einfache, aber wirkungsvolle Form der Magie.
Bitte verwende **ausschließlich durchgefärbte Kerzen** für Deine Rituale, da getauchte Kerzen, die innen weiß sind, energetisch keine Bedeutung haben und daher für ein Ritual unbrauchbar sind. Die Farbe der Kerzen spielt eine wichtige Rolle, da jede Farbe eine andere Energie repräsentiert. So steht beispielsweise grün für Wohlstand und Heilung, während rot Leidenschaft und Mut symbolisiert.

Ein weiterer wichtiger Aspekt der Magie ist das **Setzen von Intentionen.** Jede Handlung innerhalb eines Rituals sollte mit einer klaren und fokussierten Absicht durchgeführt werden. Dies verstärkt die energetische Wirkung und erhöht die Wahrscheinlichkeit, dass das Ritual erfolgreich ist.

Schutzrituale sind ebenfalls von großer Bedeutung. Es ist wichtig, während magischer Arbeiten energetische Schutzmaßnahmen zu ergreifen, wie das Ziehen eines Schutzkreises oder das Verwenden von Schutzamuletten. Dies hilft, negative Energien fernzuhalten und einen sicheren Raum für die Ausführung Deiner Rituale zu schaffen.

Die **Räucherung** ist eine alte Methode, um den Raum zu reinigen und die Atmosphäre für Rituale vorzubereiten. Verschiedene Kräuter und Harze haben unterschiedliche energetische Eigenschaften, die Du für Deine Bedürfnisse auswählen kannst.

Kombiniere das Ganze mit Deinen Wahrnehmungen und Ansichten. Traue Dich, wild zu kombinieren. Ich versichere Dir, dass Du kein Unheil anrichten kannst. Sollte sich eine Kombination tatsächlich nicht vertragen, passiert im schlimmsten Fall – nichts. Das Ritual hätte dann eventuell keinen Erfolg. Aber bitte fürchte nicht, dass eventuell etwas ins Gegenteil umschlagen könnte oder Du womöglich für den Untergang der Welt verantwortlich wärst. All das kann nicht passieren, denn auch mit den großartigen Möglichkeiten, die wir mit der Magie bekommen haben, handeln wir dennoch immer im Rahmen unseres Schicksals.

Also probiere Dich aus, finde eigene Wege und erfreue Dich an der Spiritualität. In dieser darf nämlich jeder seinen individuellen Pfad finden. Vielleicht geht es Dir dann wie mir und Du empfindest tiefe Dankbarkeit für die Möglichkeiten, die Du hast.

Bedeutung der Kerzenfarben

Violett	- Spiritualität
Rosa	- Romantik, Venus
Rot	- Liebe, Mut, Fruchtbarkeit, Mars
Orange	- Ausdauer, Kreativität
Gelb/Golden	- Energie, Sonne, Aktivität
Blau	- Entspannung, Vitalität
Grün	- Finanzen, Beruf, Jupiter
Weiß	- Klärung, Reinigung
Grau/Silbern	- Mond, Gerechtigkeit
Braun	- Kommunikation
Schwarz	- Trennung, Ende, Schutz
Reversible	- innen rot, außen schwarz, Umkehrung

Die Kerze sollte möglichst vollständig abbrennen und dann von selbst erlöschen. Sollte die Kerze dennoch manuell gelöscht werden müssen, ist es wichtig, einen Kerzenlöscher oder ähnliches (z. B. einen Löffel) zu verwenden.

Einem alten Glauben nach darf man Wunschkerzen nicht auspusten, denn unsere Ahnen versammeln sich um die Flamme, um uns bei der Erfüllung des Wunsches zu unterstützen. Würde man in die Flamme hineinblasen, würden sich die Energien in alle Winde zerstreuen.

Was ist ein Opfer?

Meine engste Freundin und Hexenschwester hat ihren Kindern immer gesagt: **„Ein Opfer ist etwas, was Du selbst gern behalten hättest."** Nur dann ist es ein Opfer.

In der Bibel steht bei Lukas 21, Vers 21: Jesus blickte zum Opferkasten und sah, wie die reichen Leute ihre Gaben hineinwarfen. Er bemerkte auch eine ärmlich gekleidete Witwe, die zwei kleine Kupfermünzen hineinwarf. Da sagte er: „Ich versichere Euch, diese arme Witwe hat mehr gegeben, als alle anderen. Sie alle haben ihre Gaben aus ihrem Überfluss gegeben, diese Frau aber, so arm sie ist, hat alles gegeben, was sie besaß.

Für mich persönlich ist ein Opfer ein Dank an die Götter für die Erfüllung eines Wunsches oder eines allgemein guten Zustandes. Ich versuche damit ein Stück weit eine Balance herzustellen zwischen dem, was ich empfange und dem, was ich gebe – nach dem „do ut des" – Prinzip („Ich gebe, damit Du gibst.").
Entweder opfere ich als allgemeinen Dank dafür, dass es mir und meinen Liebsten gut geht oder speziell für eine besondere Situation.

Zu Silvester vergieße ich zum Beispiel von unserem Mitternachts-Sekt stets etwas auf die Erde im Garten als Dank für das vergangene Jahr. Wenn ich mich mit Hexenschwestern zum gemeinsamen Ritual treffe, dann gehören die ersten Stücke des Buffets (Brot, Salate, Wein)den Göttern.

Wenn ich mich in einem Ritual an die Götter (oder einen speziellen Gott) wende und um Wunscherfüllung bitte, dann biete ich im Gegenzug ein Opfer an, das meiner Meinung nach dem Gott (oder natürlich der Göttin) gefallen könnte und einen energetischen Ausgleich zum (persönlichen) Wert
meines Wunsches darstellt.

Wenn mein Wunsch sich erfüllt, weiß ich, dass das Opfer angenommen wurde und es ist selbstverständlich für mich, dass ich mich an mein Versprechen halte.

Was ich opfere:
- **Obst, Gemüse, Blüten** – hier achte ich auf besonders makellose, schöne Stücke.
- **Honig, Milch** – alten Überlieferungen nach mögen besonders Haus- und Naturgeister diese traditionelle Art der Opfer.
- **Räucherwerk** – entweder etwas ganz Besonderes oder etwas, das zum Wunsch passt. Das Räucherwerk kann entweder als Ganzes geopfert oder auch verbrannt werden.
- **Geld** – Bedenken Sie den Grundsatz: Ein Opfer ist etwas, das Sie selbst gern behalten hätten. So sollte der Betrag immer dem Wunsch und Ihren Möglichkeiten entsprechen. Das Geld kann ganz klassisch vergraben werden oder aber – und das bevorzuge ich – einem guten Zweck gespendet werden.

- **Zeit** – Meine Zeit ist äußerst knapp, streng durchgeplant und naturgemäß limitiert. Daher ist das mein wertvollstes Opfer. Meine geopferte Zeit schenke ich zum Beispiel Ehrenämtern.

Wie opfere ich „richtig"?

Wie immer im Leben: Es kommt drauf an. Gehörst Du einer konkreten Religionsgruppe an, hast Du vermutlich spezielle Vorgaben. Du kennst dann spezielle Opferzeiten und Gebete oder ganze Rituale. Ich bin eher „freifliegend" unterwegs – also mache ich mir meine eigenen Regeln und vermische das mit traditionellen Bräuchen, die sich für mich als nützlich und funktionierend erwiesen haben.

Angenommen, ich möchte mich für eine Wunscherfüllung bedanken und habe nichts vorher versprochen. Dann nehme ich mir Zeit für ein kleines Dankritual. Ich zünde eine gelbe oder goldene Kerze an und richte auf einem schönen Teller oder einer speziellen Opferschale das Opfer aus Obst, Räucherwerk und Blüten (manchmal auch mit Münzen) an.

Das stelle ich dann auf meinen Altar neben die Kerze. Ich danke den Göttern (dem Gott oder der Göttin) für die Unterstützung. Wichtig ist mir, hier nicht neue Wünsche zu formulieren, sondern es beim Dank zu belassen. Das Opfer bleibt mindestens 24 Stunden auf dem Altar stehen. Dann bringe ich das Opfer in den Garten.

Dort habe ich eine spezielle Opferstelle angelegt. Ich habe einen großen Tontopf im Boden versenkt und etwas Erde hineingegeben. Den Blatz habe ich mit schönen Blumen und einigen Figuren und Steinen verziert. Den Inhalt schütze ich mit einem Deckel, damit sich kein Tier verletzt (beim Hineinfallen oder weil es vielleicht das Räucherwerk anknabbert). Wenn Du keinen Garten hast, kannst Du Opfer wie Obst, Gemüse und Blüten auch in einem Park vergraben. Blüten kannst Du auch in einen Fluss werfen und davontreiben lassen.

Aber bitte sei achtsam mit Ihrer Umwelt. Mit Deinem Opfer solltest Du niemandem schaden. Bitte opfer kein Plastik oder keine Glasscherben.

Ganz traditionell gelten Mehl, Honig und Milch als Opfer. Eine Handvoll Mehl soll man zum Beispiel in den Sturm werfen, um ihn (bzw. die Sturmgeister) zu beruhigen. Honig soll Naturgeister beglücken und Milch besänftigt, einem alten Glauben nach die Hausgeister, damit sie nicht allzu viel Zeug von uns verstecken.

Wenn Dir das alles zu kompliziert vorkommt, dann überlege bitte eins: Wie wichtig ist Dir die Erfüllung Deines Wunsches? Was bist Du bereit dafür zu tun? Wenn Du Dich nicht mit dem Dank beschäftigen möchtest, ist der Wunsch vielleicht nicht wichtig genug.

.Was ist eine Anrufung?

In meinem Hexenkalender spreche ich immer wieder davon, bestimmte Götter anzurufen. Damit meine ich ein Gebet zusprechen.

Laut dem Internet-Lexikon Wikipedia bezeichnet das Wort Gebet „eine zentrale Glaubenspraxis vieler Religionen. Es ist eine verbale oder nonverbale rituelle Zuwendung an ein transzendentes Wesen." Das bedeutet: Sobald wir uns an einen Gott oder eine Göttin wenden, ist es ein Gebet. Dabei ist es unerheblich, ob wir sprechen, singen, tanzen, eine Kerze entzünden oder überhaupt nur an das Göttliche denken. Das Problem liegt in unserer Definition.

Wenn ich von einem Gebet spreche, denken die meisten an einen vorgegebenen, vorformulierten Gebetstext, wie zum Beispiel das „Vater unser" aus den christlichen Kirchen. Daher bleibe ich bei dem Wort Anrufung. So möchte ich verdeutlichen, dass ein Unterschied besteht zwischen einem
fertigen Gebetstext, den man „herunterbetet", weil es eben dazu gehört und einer Anrufung. Diese wird mehr oder weniger frei formuliert, um seine Gedanken und Gefühle zum
Ausdruck zu bringen.

Ich hörte in den letzten Jahren immer wieder davon, dass man „richtig" zu den Engeln beten müsse, sonst würden sie die Gebete nicht hören. Dazu möchte ich sagen: Niemals gibt es eine Einschränkung in der Art des Gebets, sofern das Gebet aus dem Herzen kommt.

Denn ganz ehrlich: Wenn die Götter uns kennen – und davon gehe ich aus -, sie uns die Sprache gebracht und uns eventuell sogar geschaffen haben – warum sollten sie dann nicht verstehen, dass sich all unsere Emotionen in unseren Gebeten widerspiegeln?

In einer Anrufung darf man meiner Meinung nach weinen, lachen, jammern, flehen, schimpfen, bitten und auch verhandeln. Vielleicht fällt es Dir zu Anfang schwer, die richtigen Worte zu finden. Dann lass Dein Herz sprechen.
Möglicherweise hilft Dir auch folgender Leitfaden:

1. Überlege Dir, an wen Du Dich wenden willst und warum.
2. Atme tief durch.
3. Finde eine Ansprache. Verwende den Namen des jeweiligen Gottes. Wenn Du magst, kannst Du weitere Attribute verwenden.
4. Nennen Deinen Namen. Manche Menschen nennen die Namen der Eltern dazu, wie es in antiken Zeiten Brauch war.
5. Worum geht es Dir? Hast Du Kummer? Oder einen Wunsch? Schildere Dein Anliegen in Deinen Worten. Ausführlich oder knapp, ganz wie Du willst.

6. Optional: Biete ein Opfer an – zum Beispiel:
Wenn mein Wunsch erfüllt wird, dann spende ich... , dann werde ich..., etc. Aber bitte: Das soll kein Kuhhandel werden! Biete etwas je nach Größe des Wunsches an. Du wirst spüren, ob dieses Opfer akzeptiert wird oder nicht. Auch eine Räucherung oder eine Kerze in einer Kapelle können Opfer sein.

7. Bedanke Dich! Für mich ist dies das Wichtigste überhaupt.

8. Verabschiede Dich.

Du siehst, ein Gebet funktioniert im Prinzip wie ein normales Gespräch, dass Du so vielleicht auch mit Deiner Freundin führen würdest. Wenn Du magst, darfst Du natürlich auch auf althergebrachte Texte zurückgreifen. Finde Deinen Weg!

Was ist ein Altar?

Bei dem Wort „Altar" denken viele entweder an monumentale goldüberzogene Kirchen oder an steinerne Tische, auf denen unheimliche Accessoires liegen. Woran denkst Du bei diesem Wort? Wenn Du mich schon ein bisschen kennst, dann hast Du bestimmt schon einmal irgendwo gelesen, dass ein Altar für mich ein Kraftort ist, ein Arbeitsplatz für Rituale, ein Ort zwischen den Welten und natürlich ein Platz, an dem sich meine magischen Utensilien aufbewahren lassen.

Aktuell habe ich vier feste Altäre und einen Reisealtar – und alle haben unterschiedliche Aufgaben. Der Altar in meinem Büro ist ein Hexenaltar, der der Göttin Hekate gewidmet ist. Hekate habe ich ganz bewusst ausgewählt. Ich arbeite fast ausschließlich für und mit Frauen und Hekate ist die Göttin, die die Frauen schützt und stärkt. Der Hekate-Altar ist ein Stück weit mein Arbeitsaltar. Hier führe ich vor allem für Kundinnen Rituale durch. Dies ist auch der einzige Altar im Innenraum, an dem ich mit Räucherungen arbeite. Der Altar besteht aus einer geerbten Holzkommode – randvoll mit meinen magischen Werkzeugen: Athame (Ritualdolch), Kessel, Kerzen, Öle, Tinte, Schreibfeder, Räucherwerk etc.

An jedem Morgen, sobald ich ins Büro komme, zünde ich an meinem Arbeitsaltar eine Kerze an. Man sagt, dass die brennende Kerze die Anwesenheit des Göttlichen – in diesem Fall der Göttin Hekate – symbolisiert. Und weil der Altar ganz nah an meinem Schreibtisch steht, spüre ich bei allem was ich tu – egal ob Beratungen oder Planung – die Energie der Göttin. Sie stärkt mich und erinnert mich immer wieder an meine Mission.

Der Altar in meinem Wohnzimmer ist dem nordischen Göttervater Odin und seiner Frau der Göttin Frigga geweiht. Dabei handelt es sich um eine Art Familienaltar. Hier finden wir uns ein, wenn wir Sorgen haben oder mit den Göttern in Kontakt treten wollen. Mein Mann zieht hier seine Tageskarte udn ich bete dort morgens, meditiere in stressigen Zeiten und bringe Opfer dar. Bei diesem Altar handelt es sich um ein weißes, niedriges Tischchen. Odin und Frigga sind die obersten Götter im nordischen Götterhimmel. Sie können vortrefflich streiten und finden doch immer wieder zusammen. Ich finde, das ist ein schönes Vorbild für eine Ehe. Dazu kommt, dass Frigga die Göttin der Ehe ist, die Schützerin des Heimes und des Herdfeuers. Odin ist der Schützer auf Reisen, also immer dann, wenn man nicht zu Hause ist. Das ist genau das, was ich mir für meine Familie wünsche.

Der Altar in meinem Schlafzimmer ist ein Altar für Loki. Ich habe eine ganz besondere Verbindung zu ihm und finde, dass er in den gängigen Comics und Hollywood-Filmen völlig zu Unrecht so schlecht wegkommt. Er ist der nordische Gott des Feuers und der Verwandlung. Ich glaube daran, dass er mir hilft, mich weiterzuentwickeln. An Loki schätze ich, dass ich ganz offen mit ihm reden kann. Aber Achtung: Er nimmt uns beim Wort! Da unser Schlafzimmer ziemlich klein ist, ist der Loki-Altar ein vergrößertes Fach in einem Regal. Neben Kerzen und Loki-Figuren findet sich hier noch eine weitere Edda. Abends spreche ich im Gebet mit Loki über den Tag oder komme zu ihm, wenn ich seine Hilfe suche. Er hat hier auch seine ganz eigene Opferschale, denn manchmal handle ich Dinge mit ihm aus. Dann geht es in einem Gebet schon mal zu, wie auf einem Basar.

Der vierte Altar befindet sich in meinem Garten. Dort haben wir eine Opferstelle angelegt und einen Naturgeisteraltar. Dieser findet sich unter einem größeren Busch und ich sitze im Sommer unheimlich gern dort zum Meditieren oder lausche einfach nur der Natur, die sich auch in der Großstadt finden lässt.

Und einen letzten Altar kann ich mit mir nehmen, wenn ich unterwegs bin – mein Reisealtar. Dieser besteht aus einer kleinen, schönen Schachtel mit einem Teelicht, Streichhölzern, Runen, Deckchen und magischen Ölen. So habe ich auch im Hotel einen Altar für meine Meditationen, Rituale und Gebete.

Du siehst, es sind dem Ganzen kaum Grenzen gesetzt. Erlaubt ist, was gefällt und eben möglich ist. Nur wenige werden Platz für einen Altarraum haben. Nicht jeder hat die Möglichkeit, einen ganzen Tisch aufzustellen. Ein Regalbrett oder eine schöne Kiste genügen. Dekorieren darfst Du so, wie Du möchtest. Wenn Du magst, kannst Du Deinen Altar passend zum Jahreskreis, zum Ritual oder zu Ihren Göttinnen und Göttern dekorieren. Du darfst auch wild mischen. Was immer Dir gefällt.

Bitte achte darauf, dass Dein Altar nicht zur Krimskrams-Ablage verkommt, auf dem sich neben den Haustürschlüsseln noch Supermarktcoupons und die Hausaufgaben der Kinder türmen. Der Altar ist ein heiliger Platz, an dem Du den Göttern, Göttinnen und Dir selbst begegnen darfst. Hier darfst Du zur Ruhe finden. Es ist Deine Insel im Alltag, Deine Kraftquelle.

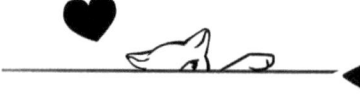

Über die Autorin

Mein Name ist Stefanie Gralewski und ich bin in Berlin in eine Familie hineingeboren, deren weibliche Mitglieder das Wissen und die Mythen weiser Frauen seit Generationen weitergegeben haben. Schon als Kind spürte ich, dass ich eine besondere Gabe habe. Spirituelle Themen waren für mich also genauso normal wie Lesen und Spielen.

Von meiner Urgroßmutter, Großmutter und Mutter wurde ich in die Geheimnisse der Zukunftsschau, des Kerzenzaubers und der Kräutermagie eingeweiht. Diese wertvollen Lehren bildeten das Fundament meiner spirituellen Reise. Im Laufe der Jahre erweiterte ich mein Wissen durch internationale Ausbildungen, unter anderem zum NLP-Master, Angstcoach, Master-Coach, Wicca-Priesterin und zur professionellen Lebensberatung. Seit frühester Jugend beschäftige ich mich intensiv mit Geschichte und Religionen.

Zwar entschied ich mich gegen ein Studium der Geschichts- und Religionswissenschaften, aber das Interesse blieb. Im Jahr 2006 machte ich meine Berufung zum Beruf und berate seitdem professionell Menschen aus allen Bevölkerungsschichten und aller Herren Länder. Auch Prominente aus Sport, Wirtschaft und Medien vertrauen auf meine liebevolle und einfühlsame Beratung. Von 2010 bis Mitte 2024 konnte man mir bei meiner Arbeit auch im TV über die Schulter schauen.

Meine Spiritualität ist kein ausschließlich berufliches Thema, sondern durchdringt meinen Alltag. Meditationen gehören zu meinen festen Routinen, und in meinem Zuhause gibt es mehrere Altäre. Familiär bin ich mit der slawischen Mythologie verbunden, da meine Großeltern ostpreußischer und schlesischer Abstammung sind und bei ihrer Vertreibung alte Rituale und die reiche Sagenwelt in ihre neue Heimat mitbrachten. Mütterlicherseits kamen meine Vorfahren als verfolgte Hugenotten nach Berlin, was die pragmatische Art mit dem Glauben umzugehen und das Göttliche mitten unter uns zu wissen, in meiner Familie tief verwurzelt hat. Ich wünsche mir von ganzem Herzen, dass alle Religionen in fruchtbarem Austausch zueinanderfinden. Toleranz sollte nicht nur von der Kanzel gepredigt, sondern auch im Alltag gelebt werden. Wahre Toleranz zeigt sich dort, wo ich andere Glaubensvorstellungen diskutieren kann – ohne zu missionieren.

Bei Interesse bin ich für Lebensberatungen gern erreichbar. Profitiere von der einzigartigen Kombination moderner Coachingmethoden mit traditionellen Orakeln und meiner langjährigen Erfahrung. Näheres dazu, aktuelle Informationen und Termine findest Du auf **www.stefaniegralewski.de**. Hast Du Fragen oder Anregungen zu diesem Buch? Schreib mir jederzeit gern an **office@stefaniegralewski.de**.

Meine Vision

Ich strebe nach einer Revolution im Denken und Fühlen.

Als Expertin für Mythologie, europäische Spiritualität und traditionelle Orakel möchte ich die Art und Weise, wie Menschen über Religionen, Rituale und Magie denken, tiefgreifend verändern.

„Re" bedeutet „wieder" oder „zurück", und „volvere" kommt aus dem Lateinischen und bedeutet „rollen" oder „wälzen". Mit meinen TV-Auftritten, Seminaren, Beratungen und Büchern möchte ich die Menschen daran erinnern, was Spiritualität ursprünglich bedeutet: die Weisheit und die Traditionen vergangener Generationen wieder aufleben lassen und ins Heute zurückbringen.

Doch mein Ziel ist nicht nur das Bewahren, sondern auch das Schaffen von Neuem. Ich möchte die Herzen der Menschen für die Vielfalt der Religionen öffnen. Mein Traum ist eine Welt, in der Menschen aller Glaubensrichtungen friedlich zusammenleben. Vielleicht klingt das idealistisch, aber ich glaube fest daran.

Politische und religiöse Konflikte entstehen oft, weil jemand überzeugt ist, den einzig wahren Weg zu kennen. Andere Wege werden als falsch angesehen. Doch wie der Hinduismus lehrt:

„Ob man mit einer Leiter, einem Seil oder einer Treppe auf das Dach des Hauses gelangt, ist nicht wichtig. Ebenso ist es mit den Religionen."

Mit diesem Verständnis möchte ich Brücken bauen zwischen verschiedenen Glaubensrichtungen und Kulturen. Es ist mein Wunsch, dass wir unsere Ängste überwinden, die oft aus Unkenntnis entstehen, und die Gemeinsamkeiten zwischen den Religionen erkennen. Jede Religion hat friedliche Grundzüge und möchte das Wohl der Menschen fördern.

Natürlich gibt es Menschen, die Religion für ihre eigenen Machtzwecke missbrauchen und Gewalt ausüben. Doch das hat nichts mit wahrer Spiritualität zu tun. Diese Menschen wollen Glauben und Spiritualität nicht verstehen oder leben, sondern nur für ihre Zwecke nutzen.

Ein Zitat, das meine Vision unterstützt, stammt von Albert Einstein:
„Das Wichtigste im Leben ist, nicht aufzuhören zu fragen. Neugier hat ihren eigenen Grund für das Dasein."

In diesem Sinne möchte ich die Neugier und Offenheit fördern, die uns hilft, die Welt und ihre verschiedenen spirituellen Wege besser zu verstehen. Nur durch Wissen und Verständnis können wir die Bruchstücke der Wahrheit erkennen und zusammenfügen.

Anhang:
Religionen, Mythologien und Spiritualität

Immer wieder werde ich gefragt, ob diese drei Begriffe nicht einfach synonym verwendet werden können. Ich denke, dass die Bedeutungen zwar ineinander übergreifen, aber dennoch klar zu differenzieren sind.

Religion ist meiner Meinung nach der Glaube an und/oder die Verehrung eines Gottes oder mehrerer Götter, begleitet von Praktiken und Ritualen, die diesen Glauben ausdrücken und unterstützen. Religion umfasst ein strukturiertes System von Glaubenssätzen, moralischen Vorschriften und Ritualen, die oft in heiligen Texten festgehalten sind und gemeinschaftlich praktiziert werden.

Mythologie hingegen bezieht sich auf eine Sammlung von Mythen, also traditionellen Geschichten, die von Göttern, Helden und übernatürlichen Ereignissen erzählen. Diese Geschichten erklären oft die Ursprünge und Werte einer Kultur und vermitteln moralische und kulturelle Lehren. Während Religion oft strukturierter und institutionalisierter ist, bietet Mythologie narrative Erklärungen für die Existenz und Ordnung der Welt.

Spiritualität schließlich ist für mich der individuelle Weg eines jeden Menschen hin zum Göttlichen, unabhängig von der Zugehörigkeit zu einer bestimmten Religion. Spiritualität kann durch persönliche Erfahrungen und individuelle Praktiken definiert werden, die das Ziel haben, eine tiefere Verbindung zum Selbst und zum Universum zu erreichen. Es ist möglich, ein spirituelles Leben zu führen, ohne einer bestimmten Religion anzugehören. Viele Menschen erleben ihre Spiritualität als etwas, das sie persönlich und privat entwickeln, oft unabhängig von etablierten religiösen Strukturen.

Es ist also durchaus möglich, ein spirituelles Leben zu führen, ohne einer bestimmten Religion anzugehören. Auch kenne ich Menschen, die zwar einer Religion angehören, aber ihrem spirituellen Weg (noch) nicht folgen. Mythologie kann Religion leichter verständlich und im Alltag greifbarer machen. Das Kunstwerk und die wahre Bereicherung im Leben bestehen meiner Meinung nach darin, alle drei Themen zu kombinieren.

Damit auch fremde Religionen für Dich verständlicher werden, gibt es hier auf den folgenden Seiten einen kleinen Einblick. Mir geht es auf keinen Fall um Missionierung oder darum, jemanden von einer bestimmten Religion zu überzeugen.

Mir geht es vielmehr darum, die Gemeinsamkeiten der unterschiedlichsten Religionen – egal ob zu den großen fünf gehörend (Christentum, Islam, Buddhismus, Hinduismus, Judentum) oder eher zu den vermeintlich alten oder kleineren Glaubensrichtungen – aufzuzeigen. Ich möchte Dich neugierig machen auf andere Religionen und Kulturen.

Ein bestimmtes Ritual oder ein Feiertag einer fremden Religion bereichert auch den eigenen Alltag. Sein Herz hier zu öffnen bedeutet sicher nicht, den eigenen Glauben über Bord zu werfen. Ganz im Gegenteil: Oft erkennt man den Ursprung und die Liebe zum eigenen Götterhimmel ganz neu.

Islam

Der Islam, dessen Name „Unterwerfung" oder „Hingabe" bedeutet, ist eine der abrahamitischen Religionen, die sich auf den Stammvater Abraham berufen. Mit etwa 1,6 Milliarden Gläubigen weltweit ist der Islam eine der größten Religionen.

Die zentrale Botschaft des Islam ist im Koran festgehalten, dem heiligen Buch der Muslime, das vor etwa 1400 Jahren dem Propheten Mohammed durch den Erzengel Gabriel in der Nähe von Mekka und Medina übermittelt wurde. Mohammed gilt als der letzte Prophet, der die endgültige Offenbarung Gottes, Allahs, empfangen hat.

Der Islam umfasst verschiedene Glaubensrichtungen. Die beiden größten Gruppen sind die Sunniten, die etwa 85% der Muslime ausmachen, und die Schiiten. Der Hauptunterschied zwischen ihnen besteht in der Frage der Nachfolge Mohammeds. Während die Sunniten glauben, dass die Gemeinschaft den Nachfolger bestimmen sollte, sind die Schiiten der Meinung, dass Mohammed seinen Schwiegersohn Ali als Nachfolger bestimmt hat.

Zusätzlich zu den Sunniten und Schiiten gibt es noch andere Gruppen wie die Aleviten und Ahmadiyya. Die Aleviten gelten als die liberalste Gruppe und haben ihre eigenen religiösen Praktiken und Interpretationen des Islam.

Neben dem Koran ist die Sunna, eine Sammlung von Überlieferungen über das Leben und die Taten Mohammeds, eine wichtige Quelle für Glauben und Praxis im Islam. Für Muslime ist es entscheidend, ein Leben nach den Prinzipien Gottes zu führen, um nach dem Tod ewiges Leben zu erlangen. Ein Leben in Gerechtigkeit, Barmherzigkeit und Frieden ist ebenso Teil des islamischen Glaubens wie die Toleranz gegenüber anderen Religionen und Kulturen.

Die „Fünf Säulen des Islam" fassen die grundlegenden religiösen Pflichten zusammen: das Glaubensbekenntnis (Schahada), das Gebet fünfmal täglich (Salat), das Fasten im Monat Ramadan (Saum), die Almosengabe (Zakat) und die Pilgerfahrt nach Mekka (Hadsch). Diese Säulen bilden den Kern der islamischen Praxis und Spiritualität.

Das islamische religiöse Leben richtet sich nach dem Mondkalender, wobei die Sichel des Neumondes den Beginn eines neuen Monats anzeigt. Dies ist besonders wichtig für die Festlegung des Fastenmonats Ramadan und des damit verbundenen Festes Eid al-Fitr sowie des Opferfestes Eid al-Adha.

Das Wort „Allah" in arabischer Schrift wird oft als Schutz- und Segenssymbol in vielen Moscheen und muslimischen Haushalten verwendet. Die Einhaltung religiöser Vorschriften wie das Verbot von Alkohol und Schweinefleisch sowie die Vorschriften für Kleidung und soziale Interaktionen sind wesentliche Aspekte des täglichen Lebens eines Muslims.

Christentum

Das Christentum, mit etwa 2,6 Milliarden Gläubigen, ist die größte Religion der Welt und umfasst zahlreiche Glaubensrichtungen und Traditionen. Es basiert auf dem Glauben an Jesus Christus als den Sohn Gottes und Erlöser der Menschheit.

Der Ursprung des Christentums liegt im Judentum, aus dem es vor etwa 2000 Jahren hervorging. Die Heilige Schrift der Christen ist die Bibel, bestehend aus dem Alten und dem Neuen Testament. Das Neue Testament enthält die Lehren und das Leben von Jesus Christus sowie die Schriften seiner Apostel.

Das Christentum teilt sich in vier Haupttraditionen: Katholizismus, Orthodoxie, Protestantismus und Anglikanismus. Innerhalb dieser Traditionen gibt es zahlreiche Denominationen und Bewegungen, darunter Evangelikale und Pfingstler, die jeweils eigene theologische Ausrichtungen und Praktiken haben. Diese Vielfalt spiegelt sich in etwa 47.000 verschiedenen Denominationen weltweit wider.

Im Laufe der Geschichte hat das Christentum eine bedeutende Rolle in der kulturellen, sozialen und politischen Entwicklung vieler Länder gespielt. Es hat sich von Europa aus über die ganze Welt verbreitet, wobei das Zentrum des Christentums heute zunehmend im globalen Süden und in Ostasien liegt. Länder wie Brasilien, Nigeria und die Philippinen haben heute große und wachsende christliche Bevölkerungen.

Die grundlegenden Glaubenssätze des Christentums sind im Apostolischen Glaubensbekenntnis und im Nicäischen Glaubensbekenntnis zusammengefasst. Diese beinhalten den Glauben an die Dreieinigkeit Gottes (Vater, Sohn und Heiliger Geist), die Erlösung durch Jesus Christus, die Auferstehung und das ewige Leben.

Christen praktizieren ihren Glauben durch verschiedene Sakramente und Rituale. Die wichtigsten Sakramente im Katholizismus und in der Orthodoxie sind die Taufe und die Eucharistie. Im Protestantismus variieren die Sakramente, aber die Taufe und das Abendmahl werden allgemein anerkannt. Gottesdienste, Gebete, Bibelstudien und das Halten von Feiertagen wie Weihnachten und Ostern sind zentrale Bestandteile des christlichen Lebens.

Aktuell steht das Christentum vor verschiedenen Herausforderungen und Veränderungen. In vielen westlichen Ländern nimmt die Zahl der Kirchenmitglieder ab, während gleichzeitig in Afrika, Lateinamerika und Asien ein starkes Wachstum zu verzeichnen ist. Neue theologische Strömungen und die Anpassung an moderne gesellschaftliche Fragen prägen das heutige Christentum.

Die Rolle der Technologie hat ebenfalls zugenommen, insbesondere durch die COVID-19-Pandemie, die Online-Gottesdienste und digitale Missionierungsstrategien gefördert hat. Gleichzeitig gibt es eine wachsende Bewegung hin zu internationaler Zusammenarbeit und der Unterstützung von Missionsarbeit durch Kirchen im globalen Süden.

Hinduismus

Der Hinduismus, auch bekannt als Sanatana Dharma oder „Ewiger Weg", ist die älteste noch praktizierte Religion der Welt und hat über eine Milliarde Anhänger. Diese vielfältige Religion hat ihre Wurzeln im indischen Subkontinent und umfasst eine breite Palette von Glaubensrichtungen, Philosophien und Ritualen.

Hinduismus besteht aus vier Hauptströmungen: Saivismus, Shaktismus, Vaishnavismus und Smartismus. Jede Strömung hat eigene Traditionen und Gottheiten, doch alle teilen zentrale Konzepte wie Karma, Dharma und Reinkarnation. Hindus glauben an eine ultimative Wirklichkeit, Brahman, die sich in vielen Formen manifestiert. Im Hinduismus gibt es keine ewige Verdammnis oder satanische Kräfte; das Universum wird als ein kontinuierlicher Zyklus von Schöpfung, Erhaltung und Zerstörung betrachtet.

Ein einzigartiger Aspekt des Hinduismus ist die Vielfalt der Wege zur spirituellen Erfüllung: Hingabe (Bhakti), Meditation (Dhyana), Wissen (Jnana) oder selbstloses Handeln (Karma). Diese Flexibilität ermöglicht es jedem Individuum, seinen eigenen spirituellen Pfad zu finden.

Die drei Säulen des Hinduismus sind Tempelverehrung, heilige Schriften und die Guru-Schüler-Tradition. Tempel und Schreine sind zentral, und die Veden und Agamas gelten als höchste heilige Schriften. Pilgerfahrten, Feste und häusliche Andachten bereichern das spirituelle Leben der Hindus.

Hinduismus betont die Toleranz gegenüber anderen Religionen. Die Vorstellung, dass die Seele immer wiedergeboren wird, bis alle karmischen Schulden beglichen sind und die Vereinigung mit Gott erreicht wird, fördert eine offene Haltung gegenüber der spirituellen Suche anderer Menschen.

Aktuell erlebt der Hinduismus sowohl Kontinuität als auch Wandel. Der Bau des Ram Mandir in Ayodhya symbolisiert eine neue Welle des Hinduismus in Indien, die durch stärkere öffentliche Sichtbarkeit und politische Dimension geprägt ist. Diese Veränderungen spiegeln sich in der wachsenden Bedeutung von Ritualen und der Homogenisierung des Glaubens wider.

Buddhismus

Der Buddhismus, gegründet vor über 2.500 Jahren von Siddhartha Gautama, besser bekannt als der Buddha, ist eine weitverbreitete und vielseitige Religion mit etwa 535 Millionen Anhängern weltweit. Der Buddha lehrte den Weg der Erleuchtung durch die Überwindung von Leid und Unwissenheit.

Buddhissten glauben nicht, dass das Universum von Gott geschaffen wurde, sondern vielmehr, dass es schon immer existierte und sich alle Dinge darin in ewigem Kreislauf immer wieder neu zusammensetzen. Sie beten auch nicht zu einem Gott oder zu Buddha, sondern sprechen eher Bittgebete für ihre Mitmenschen.

Meditationen und Gebete finden in privatem Rahmen vor prunkvoll mit Früchten und Blumen geschmückten Altären oder in Tempeln statt.
Grundlegende Lehren
Die Lehren des Buddha basieren auf den
„Vier Edlen Wahrheiten":
Dukkha: Das Leben ist mit Leid verbunden.
Samudaya: Die Ursache des Leidens ist das Begehren.
Nirodha: Das Beenden des Begehrens führt zur Beendigung des Leidens.
Magga: Der Weg zur Beendigung des Leidens ist der Edle Achtfache Pfad.

Der Edle Achtfache Pfad umfasst:
Rechte Ansicht
Rechtes Denken
Rechte Rede
Rechtes Handeln
Rechter Lebenserwerb
Rechte Anstrengung
Rechte Achtsamkeit
Rechte Konzentration

Praktiken und Rituale:
Buddhistische Praktiken variieren je nach Strömung, beinhalten aber oft Meditation, das Rezitieren von Mantras und das Durchführen von Ritualen. Die Anhänger nehmen auch Zuflucht in den „Drei Juwelen" des Buddhismus: dem Buddha, dem Dharma (die Lehren) und dem Sangha (die Gemeinschaft der Praktizierenden).

Der Buddhismus hat sich weltweit verbreitet und ist besonders in den westlichen Ländern durch Meditation und Achtsamkeitspraxis populär geworden. Die Rolle der Laienpraktizierenden hat zugenommen, und viele westliche Buddhisten verbinden traditionelle Praktiken mit modernen Lebensweisen.

Indigener Schamanismus

Ureinwohner streben danach, im Einklang mit der Natur zu leben, um das empfindliche Gleichgewicht der Welt zu bewahren. Alles Leben wird als heilig angesehen und durchdrungen von Geistern und Mächten. Jede Pflanze, jedes Tier und jeder Stein besitzt eine große unsichtbare Kraft.

Die Ureinwohner Nordamerikas glauben, je nach Stammeszugehörigkeit, an verschiedene Geister der Ahnen, Totems, Zwergenwesen und den Großen Geist, der als Herrscher und Schöpfer der Erde gilt. Der Große Geist wird nicht als Gott im traditionellen Sinne verstanden, sondern als eine allumfassende Präsenz, die in allen Dingen lebt: in Steinen, Pflanzen und im Universum. Die Namen wie Manitu, Wakonda und Orenda spiegeln diese allumfassende Kraft wider, die als wunderbar, geheimnisvoll und unsterblich betrachtet wird.

Schamanen nutzen verschiedene Techniken, um in Kontakt mit den Geistern zu treten, darunter Trancezustände, die durch Trommeln und Singen erreicht werden. Diese Zustände ermöglichen es ihnen, mit Schutzgeistern und Ahnen zu kommunizieren, um Heilung und Weisheit zu erlangen. Zu den wichtigsten Ritualen gehören das Räuchern mit heiligen Kräutern wie Salbei und Süßgras, die für ihre reinigenden und spirituellen Eigenschaften geschätzt werden. Tänze und Bewegungen sind ebenfalls zentrale Bestandteile der schamanischen Rituale, die zur Ehrung der Geister und zur Förderung von Heilung und Segen dienen.

In den schamanischen Traditionen der Maya und Azteken spielte der Glaube an eine vielschichtige Welt eine zentrale Rolle. Die Maya beispielsweise unterteilten das Universum in den Himmel, die Erde und die Unterwelt, wobei jede Schicht von verschiedenen Göttern beherrscht wurde. Der Weltenbaum, der in der Mitte dieser drei Welten stand, symbolisierte die Verbindung zwischen diesen Bereichen.

Der indigene Schamanismus ist heute nicht nur ein Rückblick auf alte Traditionen, sondern wird auch als lebendige Praxis in der modernen Welt geschätzt. Diese Praktiken sind nicht nur für indigene Gemeinschaften von Bedeutung, sondern finden auch Anklang bei Menschen weltweit, die spirituelle Heilung und eine tiefere Verbindung zur Natur suchen.

Mit dieser Übersicht hoffe ich, Dir einen faszinierenden Einblick in die reiche und vielfältige Welt des indigenen Schamanismus gegeben zu haben.

Chinesische Mythologie

Die chinesische Mythologie ist eine reichhaltige und vielfältige Sammlung von Mythen und Legenden, die tief in der Kultur und Geschichte Chinas verwurzelt sind. Diese Traditionen entstanden vor mehr als 1500 Jahren und wurden durch mündliche Überlieferungen sowie literarische Werke weitergegeben. Wichtige Einflüsse auf die chinesische Mythologie haben der Buddhismus, der Konfuzianismus und der Daoismus ausgeübt, wobei letzterer als Chinas eigene Religion angesehen wird.

Ein bedeutender Aspekt der chinesischen Mythologie ist die Vorstellung von einer Vielzahl von Göttern und Geistern. Diese Wesen sind oft mit natürlichen Phänomenen, Tieren oder historischen Figuren verbunden. Einige der bekanntesten Götter sind der Jadekaiser, der als höchster Gott des Himmels gilt, und Guanyin, die Göttin des Mitgefühls. Mythen erzählen von Göttern wie Pangu, der die Welt erschuf, und Nüwa, die die Menschheit formte und den Himmel reparierte.

Zentral in der chinesischen Mythologie ist das Konzept des Yin und Yang, das die dualen Kräfte des Universums symbolisiert. Ein populärer Schöpfungsmythos beschreibt die Urmaterie als ein Hühnerei, das sich nach 18.000 Jahren teilte. Das Yang stieg auf und wurde zum Himmel, während das Yin herabfiel und zur Erde wurde. Diese Balance zwischen Yin und Yang ist essenziell für das Verständnis der kosmischen Ordnung in der chinesischen Denkweise.

Die chinesische Mythologie ist eng mit der traditionellen Religion und den philosophischen Schulen des Konfuzianismus und Daoismus verflochten. Der Daoismus, gegründet von Laozi, betont den Weg (Dao) und das Leben im Einklang mit der Natur. Viele daoistische Praktiken und Rituale haben ihren Ursprung in alten Mythen und Legenden. Konfuzius, ein anderer zentraler Denker, legte den Schwerpunkt auf soziale Harmonie und moralische Werte, die ebenfalls in die mythologischen Erzählungen eingeflossen sind.

Ein weiteres wichtiges Element der chinesischen Mythologie ist der Ahnenkult. Die Chinesen glauben, dass die Seelen der verstorbenen Ahnen als Geister weiterleben und Einfluss auf das Leben der Lebenden nehmen können. Die Verehrung der Ahnen und die Durchführung von Ritualen zu ihren Ehren sind tief in der chinesischen Kultur verwurzelt.

In der heutigen Zeit erlebt die chinesische Mythologie eine Renaissance, insbesondere durch digitale Medien und Popkultur. Mythische Kreaturen und Helden erscheinen häufig in chinesischen Online-Romanen, TV-Serien und Filmen, sowohl in China als auch weltweit. Diese modernen Adaptionen helfen, das reiche Erbe der chinesischen Mythen einem breiteren Publikum zugänglich zu machen und die traditionellen Geschichten lebendig zu halten.

Alt-Ägyptische Mythologie

Die alt-ägyptische Religion, die vor etwa 4000 Jahren entstand, war eine der bedeutendsten polytheistischen Religionen des Mittelmeerraums. Unter römischer Herrschaft wurde sie schließlich vom Christentum verdrängt, doch ihre Mythen und Götter üben bis heute eine starke Faszination aus.

Es gab keinen einheitlichen Schöpfungsmythos im alten Ägypten. Jede Region hatte ihre eigenen Vorstellungen und verehrte unterschiedliche Hauptgötter. Zu den wichtigsten Gottheiten gehören:

Ra: Der Sonnengott, der täglich mit seiner Barke über den Himmel segelte und nachts durch die Unterwelt reiste, um gegen das Chaos zu kämpfen und den Sonnenaufgang zu sichern.

Osiris: Der Gott der Unterwelt und des Jenseits, der über die Toten richtete und für Wiedergeburt und die Hoffnung auf ein Leben nach dem Tod steht. Er wurde von seinem Bruder Set ermordet und von seiner Frau Isis wiederbelebt.

Horus: Der Sohn von Osiris und Isis, der als Falke dargestellt wird und den Thron Ägyptens zurückeroberte, symbolisiert den Sieg des Guten über das Böse.

Anubis: Der Gott der Einbalsamierung und des Totengerichts, verantwortlich für die „Weighing of the Heart"-Zeremonie, bei der das Herz der Verstorbenen gegen die Feder der Ma'at gewogen wurde.

Die Ägypter sahen die Welt als eine große Scheibe, durchzogen vom Nil, der das Land in zwei Teile teilte. Der Nil spielte eine zentrale Rolle im religiösen und alltäglichen Leben, da seine jährlichen Überschwemmungen für fruchtbare Ernten sorgten und somit das Überleben sicherten. Symbole wie das Ankh, auch Nilschlüssel genannt, standen für ewiges Leben und wurden in religiösen Zeremonien verwendet. Es wurde geglaubt, dass die Götter das Ankh als Zeichen ihrer Lebenskraft und Stärke übergaben.

In den letzten Jahrzehnten erleben die alten ägyptischen Mythen eine Renaissance. Sie inspirieren Filme, Bücher und Spiele und erhalten so ihre Bedeutung und Faszination in der modernen Welt. Diese neuen Interpretationen und Darstellungen tragen dazu bei, dass das reiche kulturelle Erbe des alten Ägyptens weiterhin lebendig bleibt.

Germanische Mythologie

Die germanische Mythologie umfasst die Mythen und Legenden der Stämme in Nord- und Mitteleuropa, die von etwa 500 v. Chr. an über die germanischen Sprachen gruppiert wurden. Auch nach der Christianisierung blieben diese Mythen besonders in Skandinavien weitgehend erhalten und üben bis heute eine große Faszination aus.

Die germanischen Götter teilen sich in zwei Hauptgruppen: die Asen und die Wanen. Die Asen, darunter Götter wie Odin, Thor und Frigg, sind hauptsächlich Kriegs- und Herrschaftsgötter. Odin, der höchste Gott, ist mit Weisheit, Krieg und Magie verbunden und regiert Asgard, die Heimat der Götter. Thor, sein Sohn, ist der Donnergott, der mit seinem Hammer Mjölnir gegen Riesen kämpft. Frigg, Odins Frau, ist die Göttin der Ehe und des Heims. Die Wanen, wie Njörðr, Freyr und Freyja, sind Götter der Fruchtbarkeit und des Wohlstands. Nach einem Krieg zwischen den Asen und den Wanen wurden einige Wanen, darunter Freyr und Freyja, Teil der Asen-Götterfamilie.

Die Erzählungen der germanischen Mythen beginnen oft mit der Schöpfungsgeschichte, in der die Welt aus dem Körper des Riesen Ymir geformt wird. Odin und seine Brüder schufen aus Ymir die Erde, den Himmel und das Meer. Die Welt wird als Yggdrasil dargestellt, ein riesiger Weltenbaum, der die neun Welten verbindet. Ein zentrales Thema der germanischen Mythologie ist Ragnarök, das prophezeite Ende der Welt, bei dem die Götter in einem großen Kampf gegen die Mächte des Chaos, wie den Fenriswolf und die Midgardschlange, untergehen werden.

Die germanische Mythologie ist reich an legendären Kreaturen, darunter die Draugr, untote Krieger, die ihre Gräber bewachen, und die Nornir, die das Schicksal der Götter und Menschen weben. Weitere bedeutende Wesen sind die Trolle, die in Bergen und Wäldern leben, und die Elfen, die oft als magische und naturverbundene Wesen dargestellt werden.

Die Symbole der germanischen Mythologie sind tief verwurzelt in der Kultur und den Glaubensvorstellungen der Menschen. Der Hammer Mjölnir von Thor steht für Schutz und Kraft, während die Valkyrien als Kriegerinnen, die gefallene Helden nach Valhalla bringen, für Ehre und Mut im Kampf stehen. Rituale und Opfer spielten eine zentrale Rolle im germanischen Glauben. Diese wurden oft in heiligen Hainen und an besonderen Kultstätten durchgeführt. Die Edda, eine Sammlung nordischer Gedichte und Prosa, bietet viele Einblicke in die Rituale und den Glauben der germanischen Völker.

Diese mythischen Erzählungen und Symbole haben die Kultur und Literatur Europas nachhaltig geprägt und sind bis heute von großer Bedeutung. Mit dieser Übersicht hoffe ich, Dir einen umfassenden Einblick in die faszinierende Welt der germanischen Mythologie gegeben zu haben.

Hexentum

Hexentum ist keine einheitliche Religion, sondern eine vielseitige spirituelle Praxis, die stark mit der Wicca-Bewegung verbunden ist. Diese moderne Form des Hexentums entstand in den 1950er Jahren, als Großbritannien die letzten Gesetze gegen Hexerei aufhob.

Wicca ist bekannt für seine zeremoniellen und strukturierten Rituale. Es betont die Verehrung der Natur, das Feiern der Jahreszeiten und die Durchführung von Ritualen zu besonderen Zeitpunkten im Jahr, den sogenannten Sabbats. Diese Feste spiegeln den Zyklus der Natur wider und beinhalten Rituale zu Ehren der Göttin und des Gottes, die beide zentrale Figuren in der Wicca-Religion sind. Die acht großen Sabbats, darunter Samhain, Beltane und Yule, markieren wichtige Punkte im Jahreskreislauf und sind Zeiten für Rituale, Feiern und Reflexion.

Im Gegensatz zu den strengen Strukturen des traditionellen Wicca, wählen viele moderne Hexen ihre Rituale und Götter frei aus und kombinieren Elemente aus verschiedenen religiösen und spirituellen Traditionen. Diese sogenannten „freifliegenden" Hexen legen Wert auf persönliche Freiheit und Individualität in ihrer Praxis. Sie integrieren oft Praktiken aus dem Schamanismus, der Kabbala und anderen spirituellen Systemen, um eine ganzheitliche und persönliche Spiritualität zu entwickeln.

Ein zentrales Symbol des Hexentums ist das Pentagramm, ein fünfzackiger Stern, der die vier Elemente (Erde, Wasser, Feuer und Luft) mit dem fünften Element, dem Geist, verbindet. Historisch wurde das Pentagramm als Schutzsymbol verwendet und findet sich in alten Bauwerken und Kirchen. Erst ab dem 19. Jahrhundert wurde das Pentagramm mit dem Teufel in Verbindung gebracht.

Während der Hexenverfolgungen in der frühen Neuzeit, die hauptsächlich politischen und wirtschaftlichen Interessen dienten, wurde Hexerei mit Teufelsanbetung in Verbindung gebracht, eine Lüge, die zur Rechtfertigung grausamer Verfolgungen diente. Heute wird Hexentum oft als Weg zur Selbstermächtigung und zur spirituellen Verbindung mit der Natur und dem Göttlichen gesehen. Moderne Hexen setzen sich aktiv für soziale Gerechtigkeit, Umweltbewusstsein und die Stärkung der Frauenrechte ein. Bewegungen wie das ökofeministische Hexentum verbinden ökologische Anliegen mit feministischen Idealen und fördern eine nachhaltige Lebensweise.

In der heutigen Zeit ist Hexentum auch stark in der Popkultur präsent und beeinflusst Literatur, Filme und soziale Medien. Plattformen wie TikTok und Instagram bieten moderne Hexen die Möglichkeit, ihre Praktiken und Überzeugungen mit einem breiten Publikum zu teilen und Gemeinschaften zu bilden, die sich gegenseitig unterstützen und inspirieren. Diese Vernetzung fördert nicht nur das Verständnis und die Akzeptanz des Hexentums, sondern ermöglicht es auch, alte Traditionen in einem zeitgenössischen Kontext neu zu interpretieren und zu praktizieren.

Grekoromanische Mythologie

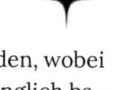

Die griechische und römische Mythologie sind untrennbar miteinander verbunden, wobei die römische Mythologie stark von der griechischen beeinflusst wurde. Ursprünglich basierte die römische Religion auf der Verehrung von Natur- und Hausgöttern, aber ab dem 5. Jahrhundert v. Chr. begannen die Römer unter dem Einfluss der Etrusker und später der Griechen, deren Götterwelt zu übernehmen und anzupassen.

Die wichtigsten Götter und Mythen der römischen Religion entsprechen oft denen der griechischen Mythologie. Diese Assimilation, bekannt als „Interpretatio Romana", ermöglichte es den Römern, ihre eigenen Gottheiten mit den griechischen zu identifizieren und ihre Mythen und Rituale zu integrieren. Beispielsweise wurde der römische Kriegsgott Mars mit dem griechischen Ares gleichgesetzt, und die Liebesgöttin Venus mit Aphrodite. Die griechisch-römische Mythologie umfasst eine Vielzahl von Göttern, Halbgöttern, Helden, Monstern und Naturgeistern. Diese Geschichten waren nicht nur religiöser Natur, sondern dienten auch zur Erklärung der Welt und menschlicher Erfahrungen. Sie wurden in literarischen Werken wie den Epen von Homer, den Tragödien von Sophokles und Euripides sowie den Metamorphosen von Ovid verewigt.

Die Mythen erzählten von den Heldentaten großer Krieger, den Abenteuern der Götter und den moralischen Lektionen, die daraus zu ziehen waren. So sind die Geschichten von Herakles und seinen zwölf Arbeiten, die Reisen des Odysseus und die tragische Liebe von Orpheus und Eurydike tief in der westlichen Kultur verankert.

In Rom war die Religion eng mit dem politischen und sozialen Leben verbunden. Tempel und Schreine waren überall in der Stadt zu finden, und religiöse Rituale wurden von staatlichen Priestern und Priesterinnen sorgfältig überwacht. Besondere Zeremonien und Opfergaben sollten den Zorn der Götter abwenden und ihren Segen sichern. Ein berühmtes Beispiel ist das Vestalinnen-Kult, bei dem jungfräuliche Priesterinnen das heilige Feuer der Göttin Vesta hüteten.

Die griechisch-römische Mythologie hat nicht nur die Antike geprägt, sondern auch die Kunst, Literatur und Kultur der Renaissance und der Neuzeit beeinflusst. Werke wie Bulfinchs „The Age of Fable" und moderne Adaptionen in Filmen und Büchern zeigen, wie lebendig und relevant diese alten Geschichten bis heute sind.

Durch diese Mythen lernen wir nicht nur die religiösen Überzeugungen der Antike kennen, sondern auch die Werte, Ängste und Hoffnungen der Menschen jener Zeit. Sie bieten einen tiefen Einblick in die menschliche Natur und die ewigen Fragen nach dem Sinn des Lebens und der Ordnung des Universums.

Keltische Mythologie

Die keltische Mythologie ist reich an Geschichten und Legenden, die von Generation zu Generation mündlich überliefert wurden. Schriftliche Quellen aus der vorchristlichen Zeit sind selten, da die keltischen Druiden ihr Wissen traditionell nicht schriftlich festhielten. Stattdessen stammen die meisten Aufzeichnungen aus späteren christlichen Mönchsschriften, die die alten Mythen oft an die christliche Theologie anpassten.

Die keltische Mythologie ist in mehrere regionale Traditionen unterteilt, darunter irische, walisische und bretonische Mythen. Besonders umfassend und gut erhalten sind die irischen Mythen, die in vier Zyklen unterteilt sind:

Der Mythologische Zyklus: Dieser Zyklus umfasst die Geschichten der Túatha Dé Danann, einer göttlichen Rasse, die Irland beherrschte, bevor die Menschen kamen. Zu den wichtigsten Figuren gehören Dagda, der oberste Gott, und die dreifache Göttin Morrigan, die für Krieg und Schicksal steht.

Der Ulster-Zyklus: Diese Geschichten konzentrieren sich auf die Helden und Krieger des alten Ulster. Der bekannteste Held ist Cú Chulainn, dessen Heldentaten und Schlachten im „Táin Bó Cúailnge" beschrieben werden, einem der bedeutendsten Epen der irischen Literatur.

Der Finn-Zyklus: Auch als Ossianischer Zyklus bekannt, erzählt dieser Zyklus von den Abenteuern von Fionn mac Cumhaill und seiner Kriegerbande, den Fianna. Diese Geschichten sind reich an Magie und heroischen Taten.

Der Königszirkel: Dieser Zyklus enthält Geschichten über die historischen und legendären Könige Irlands, wie Conchobar mac Nessa und Brian Boru. Diese Erzählungen verbinden historische Fakten mit mythologischen Elementen.

Die Kelten verehrten eine Vielzahl von Göttern und Göttinnen, die oft lokale oder regionale Bedeutung hatten. Zu den bekanntesten gehören Brigid, die Göttin der Weisheit und Dichtkunst, und Lugh, der Gott des Lichts und der Künste. Viele keltische Feste, wie Samhain und Beltane, sind tief in der Natur und den Jahreszeiten verwurzelt und wurden mit großen Feuern und Opfergaben gefeiert.

Eine bemerkenswerte Praxis in der keltischen Religion war der Glaube an die Dreifache Göttin, die in verschiedenen Aspekten von Jungfrau, Mutter und weiser alter Frau verehrt wurde. Diese dreifache Natur spiegelt sich in vielen mythologischen Figuren wider, wie der Göttin Cerridwen, die für Weisheit und Transformation steht.

Obwohl die römische Eroberung und die Christianisierung viele Aspekte der keltischen Kultur verdrängten, überlebten viele Mythen und Bräuche in den abgelegeneren Regionen Europas und haben bis heute Einfluss auf die moderne Kultur und Spiritualität. Die keltische Mythologie bleibt ein faszinierendes Erbe, das die Verbindung der Menschen zur Natur und zu den Kräften des Universums betont.

Notizen

Notizen